人力资源服务产业与企业管理

李 娟◎著

吉林出版集团股份有限公司

图书在版编目（CIP）数据

人力资源服务产业与企业管理/李娟著．— 长春：
吉林出版集团股份有限公司,2020.4
ISBN 978-7-5581-8299-0

Ⅰ.①人… Ⅱ.①李… Ⅲ.①人力资源－服务业－研
究－中国 Ⅳ.① F249.23

中国版本图书馆 CIP 数据核字 (2020) 第 047897 号

人力资源服务产业与企业管理

著　　者	李　娟	
责任编辑	齐　琳　姚利福	
封面设计	李宁宁	
开　　本	787mm×1092mm　1/16	
字　　数	199 千	
印　　张	10.75	
版　　次	2021 年 3 月第 1 版	
印　　次	2023 年 4 月第 2 次印刷	

出　　版	吉林出版集团股份有限公司
电　　话	010–63109269
印　　刷	炫彩（天津）印刷有限责任公司

ISBN 978-7-5581-8299-0　　　　　　　　定价：58.00 元

前　言

现代人力资源管理以"人"为核心，强调一种动态的心理，意识的调节和开发，管理的根本出发点是"着眼于人"，其管理归结于人与事的系统优化，致使企业取得最佳的社会和经济效益。在企业生产和市场竞争中，职工劳动中含有越来越多的智力成分，企业对于人才创造性的要求也越来越高，人力资源的开发也成为企业发展的客观需要，如果一个企业不重视人力资源的开发，必将成为企业发展的绊脚石。

随着企业生存状态和发展水平的不断提升，大量人才的涌入，各项制度改革不断深入，如何加强企业知识管理，用好、留住现有知识并不断创造出新的知识，关系到企业的兴衰成败。在企业引入知识管理后，人力资源管理的一些工作方式随之发生变化，这些变化与知识资源和人力资源的关系、知识管理和人力资源管理的关系有着密不可分的关联，人才资源市场化配置程度也越来越高。企业服务对象越来越广，企业人力资源管理部门既要为不同企业所有制用人单位服务，又要为包括流动专业技术人员和管理人员、大中专毕业生等在内的各类人才服务。知识管理的主体是"人"，这就决定人力资源管理在知识管理上扮演着非常重要的角色。

企业服务内容越来越丰富、服务要求越来越高，如何满足企业服务的需求？这就需要人力资源管理部门充分发挥其职能作用，帮助企业建立知识管理的促进机制，为企业选人用人提供科学的人才评价体系，不断加强与外界的沟通交流，增强知识的交流共享与创造，畅通的信息网络，为各类人才提供教育培训和知识更新的机会。因此，只有向服务产业化的方向发展，才能改变人力资源服务分散、落后的局面，建立统一、规范、全面、系统的人才服务体系，形成企业人才资源整体性开发格局。

在人事制度发生重大变革的新形势下，现代人力资源管理要求人力资源部门成为一个企业，一个真正的规划、决策、制度设计部门，集中精力营造一种良好的工作氛围，开发员工潜能。企业的人力资源管理部门必须尽快从选才、用才、育才、留才及晋才五个活动方向上集中精力研究人才资源开发，尽可能赋予员工自主行事的权力，减少对员工的制约和束缚，增加员工的创造动机和创新活力，促使人才自主迸发创新思维，使创新的激情弥散到整个企业，才能确保人力资源部门对职能工作主动性的充分把握。

企业只有通过对人力资源的合理配置，才能让每位员工充分发挥其才能和作用，实现"人尽其才"的目标，企业"以人设岗"的传统做法已经大大阻碍了企业的发展，经过多年的探索研究，行之有效的方法应为"以岗定人'，利用竞聘上岗的方式，让适合此岗的人取得该岗位，达到岗得其人、各得其位的目的。知识经济时代要求员工不仅要有良好的知识结构和知识背景，更重要的是让其发挥自己的能动性和创造力，不断地进行创新，而企业人力资源服务产业化可以为各类人才和企业提供全面、系统、优质的人才服务，实现人才资源的市场化配置和社会、经济的规模效益。

本书在编写过程中参阅了国内外大量的著作、论文和权威网站的资料，借鉴了众多专家、学者的科研成果，在此一并表示衷心感谢。由于时间仓促，本书在创作过程中难免存在疏漏之处，敬请各位读者指正！

编　者

2020 年 5 月

目　录

第一章 概　述 ································· 1

　　第一节 人力资源服务产业的内涵与产业性质 ················ 1

　　第二节 企业管理 ···························· 8

第二章 人力资源服务产业发展与产业人才创新动力培育 ····· 13

　　第一节 产业人才管理改进与人才创新动力培育 ·········· 13

　　第二节 企业人才激励设计与人才创新动力培育 ·········· 16

第三章 人力资源服务产业发展与产业资金支持动力培育 ····· 23

　　第一节 财政税收体制创新与产业资金支持动力培育 ·········· 23

　　第二节 金融渠道创新与产业资金支持动力培育 ·········· 28

第四章 人力资源服务产业发展与产业信息整合动力培育 ····· 36

　　第一节 宏观信息渠道创新与产业信息整合动力培育 ·········· 36

　　第二节 云计算技术与产业信息整合动力培育 ··········· 38

第五章 人力资源服务产业发展与产业发展空间动力培育 ····· 41

　　第一节 产业集聚区建设与产业发展空间动力培育 ·········· 41

　　第二节 产业需求引导与产业发展空间动力培育 ·········· 48

第六章 人力资源服务产业发展与产业治理机制创新动力培育 55

　　第一节 标准化建设与产业治理机制创新动力培育 ·········· 55

　　第二节 协会建设与产业治理机制创新动力培育 ·········· 59

　　第三节 区域开放合作与产业治理机制创新动力培育 ·········· 61

第七章　企业战略与经营决策 ·················· 70

　　第一节　企业战略管理 ·················· 70
　　第二节　企业经营决策 ·················· 93

第八章　企业营销管理 ·················· 100

　　第一节　营销环境与消费者购买行为分析 ·················· 100
　　第二节　目标市场营销 ·················· 109
　　第三节　市场营销组合策略 ·················· 115
　　第四节　市场营销理论新趋势 ·················· 125

第九章　人力资源管理 ·················· 132

　　第一节　人力资源管理的基础工作 ·················· 132
　　第二节　人力资源管理实践活动 ·················· 136

第十章　企业财务管理 ·················· 146

　　第一节　企业财务管理概述 ·················· 146
　　第二节　财务估价与融资管理 ·················· 154
　　第三节　投资管理 ·················· 156
　　第四节　企业财务报表与财务分析 ·················· 159

参考文献 ·················· 165

第一章 概 述

第一节 人力资源服务产业的内涵与产业性质

一、人力资源服务产业的内涵

（一）人力资源

人力资源是指在一个国家或地区中，具有劳动能力的人口之和；也指一定时期内组织中的人所拥有的能够被组织所用，且对价值创造起贡献作用的教育、能力、技能、经验、体力的总称。在知识和信息时代，人力资源已成为最具活力和创造力的生产要素，是世界各国经济发展和企业竞争的首要资源。作为一种特殊资源，人力资源具有如下特征：

1. 能动性

能动性是人力资源区别于其他资源的本质所在。其他资源在被开发的过程中，完全处于被动的地位；人力资源则不同，它在被开发的过程中，有思维与情感，能对自身行为作出抉择，能够主动学习与自主选择职业。更为重要的是，人力资源能够发挥主观能动性，有目的、有意识地利用其他资源进行生产，推动社会和经济的发展。同时，人力资源具有创造性思维的潜能，能够在人类活动中发挥创造性的作用，既能创新观念、革新思想，又能创造新的生产工具、发明新的技术。

2. 两重性

人力资源与其他资源不同，它是存在于人体之中的活资源。人力资源既是投资的结果，又能创造财富；或者说，它既是生产者，又是消费者，具有角色两重性。人力资源的投资来源于个人和社会两个方面，包括教育培训、卫生健康等。人力资源质量的高低，完全取决于投资的力度。人力资源投资是一种消费行为，并且这种消费行为是必需的、先于人力资本的收益。研究证明，人力资源的投资具有高增值性，无论从社会还是个人角度看都远远大于对其他资源投资所产生的收益。

3. 增值性

人力资源不仅具有再生性的特点，而且其再生过程也是一种增值的过程。人力资源在开发和使用过程中，一方面可以创造财富；另一方面通过知识经验的积累、更新，提升自身的价值，从而使组织实现价值增值。所以，人力资源具有巨大的潜力，以及其他资源无可比拟的高增值性。

4. 再生性

人力资源是可再生资源，它通过个体的不断替换更新和劳动力"消耗—生产—再消耗—再生产"的过程实现其再生。

5. 社会性

人处在一定的社会之中，人力资源的形成、配置、利用、开发是通过社会分工来完成的，是以社会的存在为前提条件的。人力资源的社会性，主要表现为人与人之间的交往及由此产生的千丝万缕的联系。人力资源开发的核心，在于提高个体的素质，因为每一个个体素质的提高，必将形成高水平的人力资源质量。但是，在现代社会中，在高度社会化大生产的条件下，个体要通过一定的群体来发挥作用，合理的群体组织结构有助于个体的成长及作用的高效发挥，不合理的群体组织结构则会对个体造成压抑。群体组织结构在很大程度上又取决于社会环境，社会环境构成了人力资源的大背景，它通过群体组织直接或间接地影响人力资源开发，这就给人力资源管理提出了要求：既要注重人与人、人与团体、人与社会的关系协调，又要注重组织中团队建设的重要性。

（二）服务产业

1. 产业和行业的区别与联系

服务业从属于产业范畴。在产业组织经济学研究中，一定程度上，"产业"与"行业""市场"可当作同义词。但严格地说，行业是一个供给概念，是由提供同类产品或服务（以下直接以产品指代产品或服务）的企业组成，是产出相同类型或高度可替代性产品的企业集合，即"行业＝企业群"，是按生产同类产品或具有相同工艺过程或提供同类劳动服务来划分的经济活动类别，如饮食行业、服装行业、机械行业等。

而产业指多个在产品或服务的产出上具有协作关系的行业集合，是指按照规模经济和范围经济要求集成起来的行业群体，是由多个相对独立但业务性质完全一致的行业组成的，或者说是由分散在多个行业、具有同样业务性质的经济组织组成的。产业是一个介于行业和宏观经济之间的概念，可大可小，小到可以与行业概念互换使用，属于中观层面；大到农、工、服务三大产业划分的宏观层面。

由产业和行业的概念可以看出，产业包含行业。另外，产业侧重从生产、增加值方面界定，是一个增量；行业侧重从存量说，用来区别不同的现存门类。

2. 服务业和第三产业的区别与联系

这两者在许多场合往往交替使用，但并不等同。第三产业是相对第一产业和第二产业而言的，来自英国经济学家费希尔于 20 世纪 30 年代提出的"三次产业"分类法，并经克拉克和库兹涅兹等成功地应用于经济增长过程中经济结构变化的研究而闻名于世。

费希尔和克拉克根据每个部门的特征（如劳动力的分布、消费需求的结构、技术进步和经济发展等），将经济划分为三个部门：第一产业（农业、渔业）、第二产业（矿业和制造业）以及剩余的第三产业（非物质的服务）。费希尔对第三产业的定义是提供"服务"的各类经济活动，范围从运输、贸易、娱乐、教育、艺术创作到哲学。克拉克则认为第三产业包括独立手工业者的小规模生产、运输、贸易及各种服务。

在 20 世纪 30 年代至 20 世纪 60 年代，大部分业界人士认为应将第三产业主要界定为去除工业和农业后所涉及的产业，但随着 1968 年美国经济学家维克托·福克斯的《服务经济》一书的出版以及各国对服务经济的重视程度的加深，第三产业的概念开始逐步被服务业所代替。

根据中国国家统计局对三大产业的划分标准，中国第三产业包括流通和服务两大部门四个层次：一是流通部门，包括交通运输、邮电仓储以及商业饮食等业态；二是生产和生活服务部门，包括金融保险、房地产管理、公共事业、居民服务、信息服务以及旅游等业态；三是为提高科学文化水平和居民素质服务的部门，包括教育图书馆、文化、广播电视和科研服务业态；四是国家机关、党政机关、社会团体等国家公共服务机构。在现代的研究中，大部分研究都将第三产业等同于服务业的概念，但是相对来讲，第三产业的界定范围比服务业的范围更广。

基于统计数据的可得性与可分析性，本书中所涉及的服务业的概念与第三产业的概念等同，以下并不加以区分。

（三）人力资源服务

人力资源服务是指一个经济主体或个人向其他经济主体或个人提供的，帮助其更加合理有效地获取、开发、配置和利用人力资源，从而提供其社会财富创造能力和效率的动态交易品。概括地说，人力资源服务是为人力资源提供服务和便利，使人力资源的效用得以最大化。

（四）人力资源服务业

随着人力资源重要性的凸显，以及世界各国对人力资源的重视，人力资源服务业应运而生、顺势而起。人力资源服务业是指为劳动者就业和职业发展，为用人单位管理和开发人力资源提供相关服务的专门行业，主要包括人力资源招聘、职业指导、人力资源和社会保障事务代理、人力资源培训、人才测评、劳务派遣、高级人才寻访、人力资源外包、人力资源管理咨询、人力资源信息软件服务等多种业态，并且正逐步从支撑国民经济产业发展的辅助服务业态转变到行业自身作为一个独立产业发展。人力资源服务业已发展成为现代服务业的重要组成部分，符合现代服务业"三高三新三低"（高人力资本、高技术含量、高附加值；新技术、新业态、新方式；低能耗、低物耗、低污染）的基本特征，有着极强的行业成长性和广阔的市场前景。

二、人力资源服务业的行业特征

（一）行业服务内容

根据国民经济行业分类与行业实践，人力资源行业服务内容主要包括招聘、派遣、管理咨询、人力资源公共服务等方面。

（二）行业供求主体

1.行业供给主体

根据人力资源服务业的服务内容与服务性质，行业供给主体涉及人力资源服务事业和人力资源服务行业。

人力资源服务事业（也称为公共服务或社会服务），主要是指以公共利益为目的，以公共资源为支撑，提供非营利性人力资源服务的组织。例如，政府所属的公共职业中介机构和人力资源交流服务机构，以及社会有关非营利人力资源服务组织等。其服务内容主要包括公益性的职业介绍、就业培训、职业指导、政策咨询、市场信息服务、职业技能鉴定、就业援助、创业服务、人力资源和社会保障事务代理等。

人力资源服务行业（也称经营性服务），主要是指以盈利为目的，通过市场经营手段获取资源，开展各种专业化的人力资源服务的企业。其主要从事人才招聘、人才培训、"猎头服务"、人才（劳务）派遣、人才测评和人力资源管理咨询等。

2.行业需求主体

行业需求主体即行业服务对象，是指具有或者产生人力资源服务需求的一方，是人力资源服务的需求方，是人力资源服务机构所提供服务的使用者。行业需求主体有可能是用人单位，如企事业单位、机关等；也可能是人力资源个体。

（三）行业服务特征

由上可见，人力资源服务是作为服务需求方的组织或人力资源个体，因人力资源的配置、培养、使用等各个环节产生相应的各种服务需求及其总和。它包括人事档案服务、人事代理服务、人力资源信息网络服务、高级人才寻访服务、人才（劳务）派遣服务、人才测评服务、人才培训服务、人力资源管理咨询服务等，覆盖了人力资源的整个生命周期，涵盖人力资源的管理、发展和价值实现等各个环节。其特征除了一般现代服务业所体现的服务产品无形性、服务过程的主体互动性与不可分割性外，还具有一些特殊的行业服务特征。

1.服务内容的层次性与知识性

人力资源服务业主要任务是解决其他组织或个人面临的问题；问题及需求不同，提供的服务项目相应地也具有不同的知识含量，呈现明显的层次性。现阶段的行业服务主要包括人才中介服务、职业指导服务、人才测评服务、人事管理咨询服务、人才培训服务、人事代理服务等方面，一般来说，人才培训、高级人才寻访服务、人才测评、高管绩效考核往往涉及组织战略层面的服务，而员工薪资福利管理、劳务派遣等则更偏重操作层面，是人力资源服务业从事的常规事务性工作。

近几年，全球人力资源服务业已出现一系列新的变化，主导产业发展的利润增长点从提供较低层面的办公室行政、文书和生产制造岗位的人员，转向为组织提供符合需求的具有战略性的高层次、专业化的岗位和技术人才。服务对象的日益知识化、专业化迫使人力资源服务机构不断增强内在的知识含量以满足组织需求。基于行业服务工作为人力资源的知识与能力的有效发挥提供帮助，总体上是一种知识型和智力型的活动，因此，该行业日趋发展为知识密集型行业。

2.服务人员考核的复杂性与不确定性

对人力资源服务业从业人员的劳动考核比较复杂。

第一，他们从事的工作很大程度上是依赖自身智力的投入，很难根据其行为识别出他们所付出的汗水劳动，难以对他们实现有效监督与直接控制。

如果工作主动性强，从业人员的人力资本可以创造超出自身价值的经济效益；如果工作主动性弱，人力资本创造的价值则会降低。

第二，服务产品往往是无形的，也很难准确计量。工作的投入与产出之间的关系不像其他物质型商品生产那样具有较确定的生产函数，尤其是创新性的人力资源服务活动，其投入、产出关系只能是一种随机概率关系，很难保证投入多少资源，就一定能产出多少有价值的成果。行业服务过程的最大特点是服务主、客体之间的互动性，无论是人才（劳务）派遣，还是咨询、培训，服务者与服务对象之间的互动性都很强。服务质量的优劣和服务水平的高低，与服务对象的参与程度关系很大。优质的行业服务，往往要通过努力调动服务对象的积极参与来实现。以人力资源管理软件开发为例，从一开始就有高度的不确定性，不清晰的客户需求、不断变化的需求和不断变化的技术，使得控制软件开发质量和效果的复杂程度大大上升，其成果影响力不仅有赖于对其本身的改进，而且还有赖于对与其相互补充的其他技术的改进；同时，软件使用效果只有在软件使用过程中才能体现出来，而使用效果与使用者的素质和条件又密切相关。人们要了解和掌握知识成果并发挥出它们的效用，需要或长或短的时间周期，因而造成对成果价值进行充分认识的时滞。

由于创新性的人力资源服务其投入、产出具有相当大的不确定性，难以确定产出结果究竟是劳动者主观努力因素，还是客观不确定性的影响，这就决定了对从业人员的监督与控制比对一般物质商品生产的监督与控制要复杂得多；加之许多成果的产生，往往是众多人员集体智慧和努力的结晶，很难分割使得考核个人绩效更加困难。通常的资产评估方法，诸如重置成本法、净现值法和市场公允评价等值的经济方法，均难以准确估计行业高端人力资本的价值。

3.服务边界的外溢性

人力资源服务业的服务对象与内容具有高成长性，其发展效应不仅仅体现在行业自身的发展上，更重要的是，其外溢功能的不断发挥可有效促进人力资源与经济发展众多其他要素的相互渗透、相互融合、相互激荡，从而对转型发展产生几何级的增长效应。

4.服务目的的相对竞争性和排他性

人力资源服务业的服务目的，是满足生产者、消费者各类人力资源服务需求，帮助作为人力资源服务需求的组织或者个人节约成本、提高组织绩效、提升市场竞争能力。这种目的具有一定的竞争性和排他性。

三、人力资源服务业的行业性质

（一）"内部—外部"维度界定的服务供给方分析

从行业供给方来源来分，人力资源服务可以分为内部服务和外部服务两种。所谓内部的人力资源服务，是指由组织内部的人员或者部门提供相应的服务，满足组织有关人力资源开发的各种需求，以此提高组织的绩效。所谓外部的人力资源服务，是指由组织外部的专业化人员或者机构提供相应的服务，满足人力资源开发的各种需求，以此提高组织的绩效。

（二）"私人—公共"维度界定的服务需求方分析

从行业需求方来分，人力资源服务可以分为私人产品性质的人力资源服务和公共产品性质的人力资源服务两种。所谓私人产品性质的人力资源服务，是指那些具有排他性和竞争性的人力资源服务，当组织或个人使用时，能够有效阻止不支付消费支出的消费者对服务产品的使用或消费，并且会影响对服务产品的使用或消费中收获的效用。公共产品性质的人力资源服务，则是具有非排他性和竞争性的人力资源服务，某个组织或个人使用时，并不能阻止不付消费支出的消费者对服务产品的使用或消费；同时，对该项服务产品的供给不支付任何费用的人同付费用的人一样能够享有同样的权益，不影响其他人对该项服务产品的使用或消费中所收获的效用。

（三）"内部—外部""私人—公共"两维度界定的行业性质

一般而言，在生产力水平较低、社会分工程度不高的阶段，组织的人力资源开发需求主要是通过内部服务来完成的，即人力资源规划、教育培训、考核评价、激励配置等基本环节产生的各种需求，都是在组织内部由相应的职能部门和人员完成的。但随着生产力的发展和社会分工的细化，内部服务外部化逐渐形成趋势，外在化、专业化的人力资源服务也逐渐形成新的行业；随着市场对资源要素配置起决定性作用的日益显现，私人产品性质的人力资源服务其重要性与比重将逐渐超过公共产品性质的人力资源服务。同时，基于行业服务对象的特殊性，即人力资源作为重要的生产要素而存在，行业的大部分业态可归入生产性服务业的范畴。

第二节 企业管理

一、企业管理的概念和任务

（一）企业管理的概念

企业管理就是由企业管理人员或管理机构对企业的经营活动过程进行计划、组织、指挥、协调、控制，以提高经济效益，实现赢利这一目的的活动的总称。

现代企业管理就是在企业采用先进的生产技术条件下，把管理看成一个过程体系，以电子计算机为手段，与现代通信技术、管理信息技术相结合，把系统工程学、工业工程学、控制论、运筹学、数理统计以及社会学、行为科学、管理心理学等，应用于生产经营的研究和管理，按照自然规律、技术规律、经济规律等，正确处理人与人、人与物、物与物的关系的科学，它是一门多学科的综合性学科。

（二）企业管理的任务

企业的生产经营活动包括两大部分。一部分是属于企业内部的活动，即以生产为中心的基本生产过程、辅助生产过程以及生产前的技术准备过程和生产后的服务过程，对这些过程的管理统称为生产管理。另一部分是属于企业外部的活动，即联系到社会经济的流通、分配、消费等过程，包括物资供应、产品销售、市场预测与市场调查、对用户进行服务等，对这些过程的管理统称为经营管理，它是生产管理的延伸。企业管理的任务是，不仅要合理地组织企业内部的全部生产活动，而且还必须把企业作为整个社会经济系统的一个要素，按照客观经济规律，科学地组织企业的全部经营活动。

1.合理组织生产力

合理地组织生产力是企业管理最基本的任务。合理组织生产力有以下几方面的含义：第一，使企业现有的生产要素得到合理配置与有效利用，不断开发新的生产力。第二，不断改进劳动资料。第三，不断改进生产技术，并不断地采用新的技术来改造生产工艺、流程。第四，不断发现新的原材料或原有材料的新用途。第五，不断对职工进行技术培训，并不断引进优秀科技人员与管理人员。

2. 维护并不断改善生产关系

企业管理总是在某种特定的社会生产关系下进行的，一定的社会生产关系是企业管理的基础，它从根本上决定着企业管理的社会属性，从全局上制约着企业管理的基本过程。因此，企业管理的重要任务之一就是维护其赖以生产、存在的社会生产关系。另外，由于生产关系只有相对的稳定性，在相当长的一个历史阶段内，其基本性质可以保持不变，而生产力却是非常活跃、不断变革的因素，必然会与原有的生产关系在某些环节、某些方面发生矛盾。这时，为了保证生产力的发展，完全有必要在保持现有生产关系基本不变的前提下，通过改进企业的管理手段、方法的途径对生产关系的某些环节、某些方面进行调整、改善，以适应生产力不断发展的需要。

二、企业管理的特征

企业管理作为一种实践活动主要具有以下特征。

1. 企业管理的目的性

企业是一个以不断创造社会所需要的产品和服务为生存价值的经济组织，经营是企业一切活动的中心，管理是为经营服务的。因此，企业管理的目的就是不断提高劳动生产率，争取最佳的经济效益，保证企业的稳定和发展。管理者的职责就是不断通过管理活动引导和激励组织成员为企业目标的实现而努力。

2. 企业管理的组织性

企业是为了实现一定的经济目标和其他目标而将人、财、物等要素融合为一体的一个人造组织。为了保证企业组织中各种要素的合理配置和使企业协调运转，以实现企业的目标，就需要在企业中实施管理。企业管理的载体是企业的组织构架，有效的管理活动必须通过高效率的组织来实现。

3. 企业管理的人本性

所谓"人本性"是指以人为本。企业管理的人本性是指在企业管理过程中应当以人为中心，把理解人、尊重人、调动人的积极性放在首位，把人作为管理的重要对象及企业最重要的资源。这样才能协调好其他要素，实现高水平的管理。

4. 企业管理的创新性

管理的创新性，是指管理本身是一种不断变革、不断创新的社会活动。在当今经济全球化与竞争越来越激烈的条件下，面临着动态变化的环境，企业更是要在管理中不断寻求创新，以适应快速变化的环境，在激烈的竞争中获得生存。

5.企业管理的艺术性

影响企业管理效率的因素是复杂多变的。企业管理的艺术性是指在掌握一定的企业管理理论和方法的基础上，灵活应用这些知识和技能的技巧和诀窍，以提高企业管理的效率。企业管理的艺术性强调的是管理人员必须在管理实践中发挥积极性、主动性和创造性，因地制宜地将企业管理知识与具体管理活动相结合，才能进行有效的管理。

三、企业管理的基本职能

企业管理职能是指企业管理者为了实行有效管理所必须具备的基本功能。实行有效管理，就是企业管理者通过合理选择和配备人员，采取正确的领导方法，运用先进可行的计划和健全的组织，实行统一指挥和有效的内部协调，依靠及时而准确的信息系统以及严密合理的控制，使企业的生产经营要素做到最佳的配合，以达到预期的目的。或者说，实行有效管理，就是要正确处理企业内部人与人、人与物和物与物的各种关系，同时还要正确处理与企业外部的关系，例如企业和国家、社会、其他企业及有关单位、消费者及用户等的各种关系，获得尽可能好的经济效益。企业管理的基本职能也具有管理学原理所阐述的计划、组织、领导、控制等功能。

计划就是通过调查研究，预测未来，确定生产经营活动的目标和方针，制订和选择方案，综合平衡，作出决策。计划正确与否，对企业的成败具有决定作用。从这个意义上说，计划是企业管理的首要职能。

组织就是将企业生产经营活动的各要素、各部门、各环节、各方面在空间和时间的联系上，在劳动分工与协作上，在上下左右的相互联系上，在对外往来上合理地组织起来，形成一个有机的整体，充分发挥它们应有的作用。

领导即管理者借助于企业赋予的权力，引导、影响和激励组织成员执行组织任务，以达到特定目标的行为过程。在企业管理中，领导工作的核心是调动组织成员的积极性，带领和引导企业员工去实现共同的组织目标。

控制或称为监督，就是检查企业生产经营活动的实际进行情况，考察实际情况与原定计划的差异，分析其原因，采取必要的对策纠偏。监督与计划的关系非常密切，监督要以计划为依据，而计划要靠监督来保证实现。

企业管理的各项职能不是孤立和割裂的，而是一个相互依存、相互作用的有机整体。计划是前提，提供目标和标准，计划是企业管理的首要职能；组织、领导和控制是企业实施有效管理的重要环节和必要手段，是计划及其目标得以实现的保障。只有统一协调企业管理的各个职能，使它们前后关联、连续一致地形成整体管理活动过程，才能保证企业管理工作的顺利进行和组织目标的实现。

四、企业管理发展的主要趋势

现代企业面临着一个复杂多样、变化迅速的外部环境。在日益激烈的市场竞争中，众多的企业管理者通过探索和创新，创造出了许多新的管理观念、原则和方法，使管理世界呈现出一派异彩纷呈的景象，从而在许多方面表现出与传统管理的差异。综观中外企业管理发展的实践，现代企业管理的最新动向和趋势主要表现在以下八个方面：

1. 创新是未来企业管理的主旋律

创新的内容主要有五项：理念创新、管理创新、营销创新、技术创新、培训创新。在未来发展中，企业要么创新前进，要么自取灭亡，创新是企业的必由之路。实践证明，成功的企业，必将是具有个性化、活力化特征的创新型企业，是能够创造出与众不同的产品和独具特色的经营方式的企业。

2. 知识是企业最重要的资源

当今已是知识经济时代，即依靠新知识、新技术、新信息为基础的时代，是"知本"致富的时代。知识，是创造人间奇迹的工具和源泉。知识将成为企业获取效益的主要手段。

3. 学习型组织是未来成功企业的模式

善于不断学习是学习型组织的本质特征，企业未来唯一持久的优势，是有能力比竞争对手学习得更快，未来企业的竞争是学习力的竞争。

4. 快速应变能力是时代的新要求

企业的发展道路并不平坦，往往是顺境与逆境并存，机遇与风险并存。由于企业环境存在许多不可控的力量，有天灾又有人祸因素，所以企业必须具备快速的应变能力。快速应变能力乃是时代的新要求，是企业家在变化莫测的市场经济中立足的素质能力，是企业战胜各种危机的"法宝"。

5. 全球战略是未来企业决战成败的关键

所谓全球战略，就是企业的长期的、全局的、根本性的重大决策，必须放眼世界，登高望远，具有全球性的战略眼光。随着时代的跃进，互相封闭的时代已经过去，各种"贸易保护主义"也已经过时。各国的企业要从全球利益的得失上谋划生存与发展，谋划企业的可持续性发展。

6. 跨文化管理是企业组织文化的升华

企业文化是以价值观为核心的全体员工的思想行为规范。它分四个层次：物质文化、制度文化、行为文化、精神文化。它有四个力功能：凝聚力、导向力、激励力、约束力。企业文化是企业的软实力，对企业管理有着全面的影响。企业兴旺关键在管理，科学管理的关键在文化。未来发展趋势，不仅要弘扬本国的文化传统，也要接纳和融合各国的优秀文化，实施跨国文化管理。同时，要关注企业文化的共性，更要重视个性建设。

7. 四个满意目标是企业永恒的追求

企业要践行社会经济效益的最大化，有四个满意目标：顾客满意、员工满意、投资者满意和社会满意，其中最首要是顾客满意。个人、集体和社会利益的一致性，是企业的宗旨。四个满意是一个整体，缺一不可。社会越发展，四目标的满意度越会提升，企业才会成为人们向往的"圣地"。

8. 没有管理的管理是管理的最高境界

"无为而治"原是老子的思想。企业也应该有所为，有所不为。企业领导应该尽量调动下属的主观能动性，让下属发挥创造力量。不管理或少管理而使企业正常运作，乃是企业成熟的表现。为此，要建立科学可行的企业运作体系；要有强有力的领导班子和先进团队；要有一整套自觉的企业制度等，才能实现"无为而治"的理想。

第二章 人力资源服务产业发展与产业人才创新动力培育

第一节 产业人才管理改进与人才创新动力培育

这里的行业人才管理与微观的企业人才管理相对应，主要涉及宏观的人才培养开发机制、评价发现机制、选拔任用机制、流动配置机制、激励保障机制等。

一、行业人才管理亟待改进的具体表现

（一）人才培养开发机制：行业人才培训的内容与形式亟待调整

调研发现，目前国内发展最突出的上海人才服务行业协会开发并组织了不仅包括高级人才寻访顾问实务操作班、人才派遣顾问实务操作班、人才测评实务操作班、职业经理人中高级研修班、人力资源法律实务操作班等各类业态技能培训，还有新年讲坛、成功模式专家讲坛等专业性培训班，并且邀请政府相关部门领导、业内实战专家对行业业态和发展趋势进行剖析，以理论和实战相结合的课程，帮助行业人才提升专业技能。

江苏省实施"江苏省人力资源服务业高端人才培育工程"，每年选派100名人力资源服务业人才赴北大、清华等国内知名高校培训，每年选派100名人力资源服务业人才赴国外培训。依托国外著名高校、跨国公司，建立人力资源服务海外培训基地和实训基地，规范境外培训工作，提高境外培训水平。

浙江省杭州、宁波也每年选派100名左右人力资源服务企业的中高级人才，到国内、国（境）外著名专业院校、知名人力资源服务企业学习培训，如宁波先后有5位业内机构负责人入选该市江东区服务业政府特殊津贴，被选派参加国内外知名高校研修班，2014年该区又有11位负责人参加了北大总裁班和复旦创二代高研班，该市江北区4位负责人参加复旦MBA；同时疏通

海外培训渠道，在欧美国家建立海外人力资源服务业人才培训基地。

然而，业内机构反映，这些培训更多的是行业资格准入方面的培训，高端业务方面的培训内容还不够丰富，而且常见的培训往往时间短，且以大会场的讲座式为主；政府对参加培训的人员虽有补贴，但对于本身规模就不大的许多业内机构而言，补贴力度不够大，机构选送人员参加培训的动力不强；海外培训力度也有待加大，才能满足面广量大、多元差异的行业人才培训需求。

（二）评价发现机制：针对行业人才评价的标准亟待规范

人才评价是通过一定形式对人才的素质、工作、业绩和贡献进行客观公正的价值性衡量过程，是实现人才评价功能、发挥人才价值的各评价要素及其持续联动的运行系统。人才评价机制在行业人才的开发与管理过程中发挥着导向功能，是进行人才识别、人才配置的基础和前提，关系到能否最大限度激发人才活力、充分发挥人才作用。科学地评价人才，是对人才培养开发效果与创新业绩的一种积极反馈，有助于更好地培育行业人才创新动力。

与制造业相比，人力资源服务业的劳动产品是无形的，很难准确计量，其投入与产出之间的关系不像其他物质型商品生产那样具有较确定的生产函数；加之其成果的价值只有在其使用过程中才能体现出来，而成果的使用效果又与使用者的素质和条件密切相关，致使评价行业人才绩效遇到困难。

从发达国家的做法看，美国、英国、日本在这方面都制定了相应的法规或专业资格认证程序，从制度上保证行业人才的业务水平、服务规范化进程、契约签订的严谨程度以及阶段性的人才评估。

为此，中国部分地区也已开展评优重奖活动，根据人力资源服务企业对经济发展、人才引进、人才培训等方面的贡献，把行业领军人才纳入各类人才工作荣誉评比范围。如宁波市江东区结合开展"百千万服务业人才工程"，把行业领军人才纳入服务业区政府特殊津贴人才评选范围，给予为期3年每月2000元的特殊津贴奖励，目前已经有4人获得奖励；杰艾集团的翁哲锋还成功入选江东区政协常委。但总体而言，对行业高层次人才，以物质奖励为多，精神激励和物质奖励相结合的做法较少；将他们作为申报各级人才培养工程的推荐人选的力度亟待加大；他们参与政府决策和管理或被重点推荐入选政协委员的通道尚不通畅。总体而言，行业人才评价尚未体系化与机制化，人才评价机构的独立性较差，人才评价体系内各部分连接不足，人才评价与培训、管理、使用、服务等环节脱节。

（三）激励保障机制：维护行业人力资本权益的法律与法规亟待充实

基于行业运作特征与行业内专业人才的缺乏，行业人力资本正日益成为行业服务企业竞争的重要资源。例如，国际上或国内一些知名高级人才寻访服务公司的高级人才寻访顾问都是从业多年的高级人才寻访咨询师，或从事过大公司高级管理工作，在行业拥有丰富的经验、扎实的知识、良好的人脉的资深人士。但是国内不少高级人才寻访服务公司的高级人才寻访顾问却素质参差，有的不仅学历水平低，而且缺乏人力资源从业背景，缺乏相关的工作经验，人脉非常狭窄，甚至缺乏职业道德。高级人才寻访顾问的胜任力问题成为阻碍高级人才寻访服务公司发展的障碍。不少高级人才寻访服务公司因为缺少优秀的高级人才寻访顾问而难以发展起来，只能从事低端人才中介业务。

应该认识到的是，不同于一般技术、工艺的可复制性和可模仿性，人力资本是长期积累、培养的结果，呈现稀缺性和不可复制性。要对行业人才的人力资本加以科学界定，完善推广管理人员持股、股票期权等方式以保障专业人力资本权益并提高激励效果，完善所需的维护人力资本产权的法律法规。

二、改进行业人才管理的对策建议

面对行业发展越来越注重创新的新形势，必须有战略眼光、国际视野、危机意识，把培育增强行业人才创新动力问题放在更加突出的位置上，坚持发挥市场"无形之手"配置创新资源基础性作用和政府"有形之手"引导、推动、保障作用相结合，不断创新人才发展策略，加大政策创新突破力度。

（一）加强培训交流

在培训形式上，加大给予参训人员的培训费用补助，或每期甄选一批培训对象，给予全额资助培训费用；在人力资源服务业发达的国家建立培训基地，开展集中培训、实践锻炼、轮岗交流、课题研究、学术交流、安排高层次人才定期出国访问、定期组织赴外考察、组织国内外知名机构与国内企业互动等各种方式，对行业人才进行再培训。

在培训内容上，鼓励根据行业发展要求，结合个人职业生涯目标，分系列分专业参加高级人才寻访、人才派遣、人才测评、信息管理等业务培训，提高业务能力水平，使人才在吸收新知识补充和扩展原有知识结构的同时，从新实践体验中不断提升创新绩效。

在培训考核上，政府近期可协同协会组建培训考核题库，努力确保培训考试通过的人员真正扎实掌握相关理论与技能；今后则完全不参与具体操作，整个过程由行业协会来组织运作，即人才培训需要发挥行业协会和专业培训机构的积极参与，政府通过购买服务来充分发挥社会力量。

（二）完善评价标准

一方面，为从业人员设计和开辟职业发展通道。在建立行业执业资格的基础上，研究设立行业专业技术职称系列，相应资格的从业人员可以申请评审初级、中级和高级职称，改变以往以教育程度、工作年限决定收入分配的做法。另一方面，基于成熟期的创新团队及人才并不缺乏经费，建议加重精神激励，对入选服务业政府特殊津贴的人才予以重点培养，或将其优先作为申报其他各级人才培养工程的推荐人选，或重点推荐其入选政协委员，或疏通其参与政府决策和管理的通道，如此则有助于提高团队的创新绩效，加快创新成果的产出。

（三）探索人力产权

新制度经济学认为，技术的革新固然为经济增长注入了活力，但如果不通过一系列制度（包括产权制度、法律制度等）构建把创新成果巩固下来，社会的长期经济增长和社会发展将是不可想象的。所以，应进一步综合运用法学、经济学、管理学、心理学等不同学科理论，加大人力产权法律制度研究，重点通过劳动争议、劳动仲裁、劳动保护、专利许可、技术入股、人力产权法律制度等专门法规的进一步探索与健全，为人力资本出资、职工持股制度、股票期权计划等产权制度的创新提供坚实的法律依据；并可学习借鉴软件服务行业经验，开展一些打击行业知识产权侵权行为的专项行动，为人才创新权益保护和行业科学发展发挥规范和保障作用。

（四）进一步完善人才流动环境

既要鼓励行业人才通过兼职、服务、技术攻关、项目引进等多种方式发挥作用，也要加大法律保障力度，明确规范行业人才流动必须遵守的条件、应履行的手续，把行业人才流动纳入法制化的轨道；应进一步发挥人事争议仲裁机构的职能作用，为用人单位和行业人才提供法律咨询和援助。

与此同时，要在全社会营造尊重人才、尊重劳动、尊重创造、尊重知识的文化环境和良好的创新创业环境。

第二节 企业人才激励设计与人才创新动力培育

要更好培育行业人才创新动力，宏观人才管理改进与微观企业人才激励机制设计缺一不可。

一、企业人才激励机制设计的主要内容

所谓激励机制，是使激励因素和措施发挥激励作用、达到预期效果的逻辑框架和动力结构。其设计的主要内容可参考韩树杰（2013）归纳的"全面激励矩阵"和人力资源管理教材对其中"薪酬"的阐释，涉及企业内部的工资福利水平、培训制度、上级领导风格、企业文化与工作氛围等。

二、调研对象对人才创新动力、企业人才激励机制设计的认识及反映的亟待解决的问题

（一）认识：人才创新动力的主观基础在于人才自身的心智驱动

人才创新动力强度，其主观基础在于人才个体的心智模式驱动力。心智模式，是一个相对持久的动力系统，是对社会事件进行描述、归因和预测活动中体现出的有关社会事件的知识和信念，以此作为启发式的行为决策的基础，即那些相对持久的固结于人们心中，影响人们如何描述、解释和预测周围世界，以及如何采取行动的信念、思维方式和行为方式。

齐义山（2010）在阐述 Kanter（1988）观点的基础上指出，"个体创新的初始阶段常是由个体对问题的认知及观念的产生开始；接着则由拥有创新性的个体将其创意寻求赞同者的资助及试图让支持者结盟；最后阶段，则是由有创新性的个体将创意加以实践，使之成为一项创新的原型或模型，最后经由量化生产，并推出商品化的产品或服务"。调研对象对此表示非常认同，认为行业人才正是在其自身心智模式的导引下，产生新奇且有用的想法，在组织中推行并实践，包括发展新的创意或技术改变管理程序、应用新的创意或技术使工作更有效率及效益等创新构想，从而为组织作出创新型的贡献。这也是外因必须通过内因才能起作用的哲学原理之体现。

可见，心智模式通过影响人才的认知与态度，对人才创新行为起了显著的指导和预测作用，从而促进或抑制创新行为的发生，影响创新行为的成效；而研究同时发现，人才创新行为的结果经反馈和积累，也会对其自身原有的心智模式进行检验，从而修正、扩展或强化原有的心智模式。

（二）问题 1：人才需要用当其时，才尽其用

83.37% 的访谈对象认为企业对人才的信任，人才用当其时，才尽其用是激发人才开展创新的重要因素。人力资源服务机构从业人才多为 80 后、90 后，更关注自我实现程度，更重视存在感、融入感和认同感，这绝非金钱激励可以做到的，需要管理者对他们更多地关注和倾听。然而，这部分人才被

某些企业招聘后，由于被要求必须经过一段考察时间，当没有在自身期望时间内得到重视后，产生了不满意企业给予的个人发展空间的想法，不愿意继续考察、锻炼，开展创新的积极性减弱，于是离开企业，到别的单位发展和进行创新活动。部分人才反映，在创新工作上一开始很有憧憬，但接着却是失落感，最终导致企业人才跳槽。这种现象这几年主要集中在一些进入企业时间尚短的人才身上。

（三）问题2：薪酬制度有待改进

企业人才开展创新的积极性始终受到他们对自己薪酬看法的影响。相当部分人才反映，企业在薪酬制度具体操作方面，要更好地激发人才开展创新，必须一方面继续破除"官本位"的思想，消除如果不能当"官"，无论创新业绩多么优秀，工资水平提高始终有限的现象；另一方面，破除"薪酬大锅饭"的思想，不同人才所在的不同岗位对企业创新的贡献程度是不同的，必须充分体现各岗位之间的相对价值。"薪酬应重点体现以岗而定，应充分考虑到不同人才的学历与职称""责任能力与薪酬挂钩，用公开透明的薪资制度为每位人才明确其努力方向及可望得到的报酬""人才收入既要合理反映其为企业创造的价值，也要反映其人才的市场价格""不管是什么人才，市场经济应该根据外部人才市场定价付酬""我们不是企业股东，如果从事风险较大的创新行为，成功的收益由股东分享，但失败带来的个人职业价值损失要由自己承担，这划不来""美国硅谷的一些高科技企业如苹果、微软等公司，无不采用股票期权制度来激励他们员工的创新行为"等说法，都是相关观点的集中反映。

（四）问题3：培训计划尚待完善

行业人才十分重视个人的发展机会，主要表现在培训开发和职业规划两个方面。一方面，培训有利于提升人才综合素质，有助于更有成效的创新活动的开展。目前不少企业由于自身资金有限或者其他原因，不肯投入足够的资金对人才进行培训开发，或是没有开展与之相应的培训需求调查，或是正在开展的培训内容并没有完全符合人才的提升需求，甚至有的仅仅是为了应付评职称的需要，培训对改善企业人才创新绩效的作用并不是很明显。另一方面，一些能力强、有发展潜力的人才由于工作过多，没有时间也没有机会参加许多培训，这不利于企业人才个体和企业创新活动的长期发展。

（五）问题4：以价值观为核心的企业文化建设急需加强

企业的价值观只有得到广大人才的普遍认可，并与人才的价值观尽量保持一致，才能增强人才的归属感和满意度，激发人才创新动力。目前，企业都认为企业文化的建设是非常重要的。但在具体操作中，或是过分追求统一，对人才个性尊重不够；或是片面强调政治学习而忽视企业价值的塑造；或是将企业文化文体化，认为建设企业文化就是唱歌、跳舞、打球等，导致对企业文化的肤浅化解读。种种问题导致一些企业中的企业文化得不到广大人才的认可，企业缺乏足够的向心力和凝聚力，激发不起人才更大的创新热情。

三、改进行业企业人才激励机制设计的对策建议

企业人才激励工作是一个涉及面广、影响因素众多、有序衔接、讲求互动的过程。根据企业人才激励工作的内容与程序，结合调研，我们提出相关对策建议。

（一）紧密结合企业转型升级，为人才提供多样化的培训和使用途径

人才培训是一个全员性的、全方位的、贯穿人才职业生涯始终的系统性工程。人才培训要充分考虑受训对象的层次、类型，考虑培训内容和形式的多样性。所有人才都在不断追求在自身工作岗位上成长和进步的机会，而企业聘用人才即是承认其价值，承认其价值就应为其提供"表演"的"舞台"。

为此，企业应在摸清目前人才综合能力状况，确定人才能力培训要求和期望，找出人才综合能力缺口的基础上，根据企业转型升级的需要和人才职业生涯的发展制订相应的培训目标和方案。值得指出的是，培训不仅仅要注重传授人才创新的知识、技能，更应注重增加优化和完善人才心智模式和共享心智模式的内容。组织潜在的创新价值观、创新目标、创新精神、创新文化等方面的内容通过培训迅速地灌输给人才；培训人才树立起终生学习的意识，从而提高人才心智模式的自我管理能力。通过持续不断地学习和实践，使人才一方面能从新实践体验中对原有心智模式的内容和结构加以重新检视，另一方面，吸收新知识，补充和扩展原有的知识结构，并在不断实践过程中修正信念体系，使心智模式与快速变化的环境相适应，从而激发创新动力。企业针对人才提供的合理科学的学习培训机会必须明晰化，具有可持续性，以削弱或消除人才对企业提供的学习培训的不确定性猜测。同时，适当投资建立组织知识管理系统，以提供丰富的知识资源及专门的讨论空间，让员工进行自由讨论，通过扩大成员学习的交往方式和交往程度，以及成员之间经验知识和学习心得的互相分享，提高组织成员学习的意愿与动机，提升整个组织的学习气氛。

另外，根据调研反映，企业家的个人魅力和企业的前景引导是潜在的培训引导。行业人才如果从企业领导身上看不到发展的希望，领导的个人魅力

起不到潜在的培训引导作用，其创新的积极性是很难调动起来的；领导在企业的位置越高，其激发人才创新潜在的作用就越大，所以培训的另一个意思就是领导自己首先要培训。

与此同时，企业需要通过岗位设计，使人才在不同通道之间有转换机会，既可选择通过从事管理岗位，承担更多管理责任来实现职位晋升；也可选择走专业技术路线，通过在专业技术岗位上的经验和技能的提升，走专家道路。不同通道中的同一级别享受同等的基本待遇，从而为人才提供充分发展的空间和机会，让人才能够清楚看到自己在企业中的发展前途，营造企业与人才共同成长的组织氛围。

（二）提供有竞争力的薪酬激励制度，探索采用知识财产为本位的产权激励

薪酬的实质是企业对人才贡献的一种补偿。企业在制定薪酬激励政策时要体现"两个公平"原则：对外要保证企业的薪酬水平与本市区域内和行业内其他类似企业相比具有竞争力，实现"外部公平"；对内要保证人才的薪酬水平能体现个人岗位价值、工作能力、工作绩效等付酬因素，实现"内部公平"。因此，薪酬激励政策的制定要全面考虑人才对企业的各种贡献，即包含两部分内容：人才所处的岗位本身对企业的价值和该人才在该岗位上为企业创造的价值。

对于呼吁颇高的绩效薪酬中的股权激励，企业类型不同，具体方案也应不同。一般而言，在那些依靠大规模成套设备生产，产品已经完全成熟，技术已经比较完备且难以突破的企业中，企业人才所拥有的知识财产大部分是以显性知识表现的，以隐性知识存在的内容很少，因此不适合建立以知识财产为本位的产权激励制度来激发创新动力。而在需要高度依靠企业人才的创新性劳动，人才努力的自主决定权比较大，实施激励的边际生产力比较高的人力资源服务机构中，从业人才所拥有的知识财产大部分是以隐性知识表现的，因此，探索采用知识财产为本位的产权激励制度来激发创新动力应是较好的选择。

（三）加强企业文化建设，完善人才创新的价值观

企业文化是企业在长期的经营管理活动中所形成的，为企业员工普遍认可和遵循的集体意识、精神和行为规范的总和；工作价值观是指导员工工作选择和工作行为的准则。作为影响行为的内在思想体系，它们既影响员工对自身主体的定位，也影响员工对工作客体的要求。如果人才感到个人价值取向和企业文化中的价值取向存在较大差异，"创新冷漠"就会产生，甚至离开

企业的可能性也会很大；而如果企业能够加以有意识的引导，利用企业精神、企业价值观、企业理念、企业使命与宗旨去整合，就可以使人才的内在驱动力指向企业目标，这将是一个巨大的创新动力。

所以，尽管企业在不同的发展阶段会有不同的企业文化，人才也会随着企业文化的变化而做相应的调整，但行业企业文化应有普适的价值成分，如成员间的相互信任以及持续的创新精神。这就要求在企业文化内容的建设上：一是应该有利于企业人才形成相互信赖的关系和统一的价值观，这是人才相互间的隐性知识流动共享及激发创新的基础；二是必须支持和鼓励人才间的交流与合作，以促进隐性知识的社会化过程；三是应该创造一个开放的、宽容的、无威胁的内部环境，并要鼓励人才勇于实践和敢于冒险，转变对失败的态度，把错误和失败看作是学习的机会和推动创新的契机。

另外需指出的是，在企业文化建设的过程中，应让企业各层次的人才都参与进来，让他们提供设想。通过相互间开放式的讨论，既可让人才认同支持他们参与完成的工作，同时更易于获得创新所需的资源、鼓励，推动创新团队的形成，这将有助于人才对创新角色的自我感知，进而增强其创新动力，促进人才创新行为的产生。

（四）对策建议的制订、完善与实施应因企而异，因事而异，因人而异

1. 对于外资服务机构

在传统的观念中，外资企业由于产权性质的不同和劳动关系的差异，给人才带来一种不稳定的感受，缺少归属感和社会认同感。因此，在显性报酬具有竞争性的基础上，更应建立强势企业文化，引导人才了解并认同企业的发展目标，使人才感到自己在企业的存在和对企业的影响，提高人才的凝聚力，实现人才和企业发展的双赢。

2. 对于不同类型的企业创新项目

在以较少的人才组成的创新团队，主要发挥个别人才的创造力来快速研发出新产品的企业中，由于创新产品的时效性非常强，产品周期很短，因此，对人才的激励以短期的利润分享或现金奖励最为合适。对于那些需要运用更多企业人才和更广泛系统支持的创新项目来说，其产品创新的周期比较长，适合采取发展型激励措施来激发其创新动力。

3. 对于不同类型的从业人才

调查发现不同工作年限、不同职级、不同学历层次的行业人才对创新动力因素看重程度存在一定的差异，即便同一位企业人才，在不同的时期或环

境下，也会有不同的需求。

　　由此可见，相关的对策建议的制订、完善与实施应因企而异，因事而异，因人而异。组织需要与人才进行积极主动的持续沟通，倾听他们的意见和建议，了解和研究他们的真实想法，真正从他们的需求出发，这样才能收到最大的管理效果，以更好地激发行业人才创新动力。

第三章 人力资源服务产业发展与产业资金支持动力培育

第一节 财政税收体制创新与产业资金支持动力培育

一、财政税收体制对行业资金支持的影响效应

财政政策工具主要包括财政预算、财政投资、财政补贴和税收等，针对不同的人力资源服务行业发展目标选择合理的政策工具组合，是有效实施财政政策、提供资金支持、促进行业发展的前提与保障。其中，财政预算包括确定每年的财政投入总额，以及对目的地基础设施建设、目的地公共服务体系建设、行业宣传促销、行业人才培养、行业技术创新等领域的资金投入等。财政投资包括政府直接投资、企业投资的信贷优惠政策及投资补助等。财政补贴包括专项补贴、特殊补贴和各地区设立区域性补贴等。税收政策包括税收优惠、税收减免、退税等。

尽管从结果上看，财政和税收政策可以达到同样效果，均能达到给企业减负，提供发展资金，提高行业利润率，促进行业发展的功效。但从管理效率、经济影响上来看，二者差异较大。财政政策由中央和地方两个层面制定，即使是中央层面的财政支出政策，也往往需要相关职能部门申请，财政部门审批同意，再由职能部门将资金下划至各预算单位，周期长、环节多、资金管理效率和使用效率较低，但针对性强，且效果易评估，政策执行便于监督和跟踪；而税收政策往往是由中央政府统一下达，政策执行较为规范，管理效率较高。

因此，财政支出资金预算管理的严肃性、规范性和效率性，决定了财政支出扶持政策应侧重于"点"的支持，适宜进行局部支持和引导，如对项目的支持和引导，对龙头企业的培育和支持方面。从财政资金的使用效率来看，财政支出政策应以结果为导向，而非过程为导向，即待项目成功后，给予项

目一次性奖励的效果较好。而税收优惠政策侧重于"线"的支持，旨在促进竞争，培育市场主体，激发市场活力。这意味着对于竞争性行业、涉及企业数量大的行业，应重点使用税收优惠政策，而非财政手段，这样可以大大提高管理效率。如果使用财政支出政策支持，要么无法覆盖所有产品和服务，要么因涉及面过广导致财政部门无法监督管理资金的使用效率。

二、财政税收体制亟待创新以增强资金支持动力、推动行业发展的具体表现

（一）财政扶持亟待加强

尽管加强发展服务业是中国经济转型升级的大趋势，但对于地方而言，工业的产业链更长，能够对上下游配套产业起到延伸带动作用，形成规模和集聚效应，对 GDP 增长的推动更为明显，而服务业由于统计方法和技术所限，很多产值未能计入 GDP，因此对 GDP 增长的贡献率比不上工业。虽然对就业贡献极大，但就业在相当多的地方政绩考核体系中并非重点，激励效应不大。考虑到任期限制和晋升竞争，地方政府主导下的投资结构往往更倾向于支持能够带来显著经济增长效应和投资回报的工业，而忽略难以在拉动经济增长和要素报酬方面起到立竿见影作用的服务业，更不用说仍处于发展初期的人力资源服务业；加之受财政管理体制约束，现行产业引导资金主要面向实体经济项目，在资金拨付上要求必须有具体项目作为载体。以知识投入为主的人力资源服务业实体项目少，某种程度上更难获得财政扶持。

（二）税收调节亟待改善

中国现行税收制度与优惠政策从整体来看，是基于工业经济背景下制造业的成本结构来设计的，适应制造业为主的经济结构，虽起到了鼓励低附加值企业发展的作用，但客观上却不利于人力资源服务业的发展，还存在着诸多不利于人力资源服务业发展的制度安排。

（三）税种设置亟待合理

增值税"扩围"后，像咨询业和培训业等人力资源服务业态，由于人力投入成本比较高，中间投入和固定资产占比低，可抵扣成本的比例较小，此类业态的税负会加重。对此，已有专家建议尽快将无形资产、人力资本等非物质投入纳入增值税的进项税额抵扣范围，从而切实减轻现代服务业企业的税收负担，以吸引更多的社会资本投向现代服务业。

另外，仍旧缴纳营业税的劳务外包、人力资源派遣等业态，由于营业税

实行差额计税，即单位的营业收入扣除支付给个人的工资薪金和社保费后作为营业税计税依据，使得很多中小人力服务公司虚列支出、偷逃税款，税务部门在打击以上违法行为的同时也对行业内的正规企业造成了影响，破坏了整个行业的声誉，阻碍了行业的健康发展。

（四）税收优惠偏重于税收直接优惠

税收直接优惠主要针对已具备科研实力或已享受科研成果的技术性服务企业或高科技企业，而对急需进行科技开发和正在开展研发活动的企业激励手段和措施强度不够。比如对技术服务型企业的税收优惠，所规定的条件如"具有大专以上学历的员工占企业职工总数的 50% 以上，从事《技术先进型服务业务认定范围（试行）》中的技术先进型服务业务取得的收入占企业当年总收入的 50% 以上，从事离岸服务外包业务取得的收入不低于企业当年总收入的 50%"等，只有已经进入成熟阶段的企业才能达到。再如享受国家重点扶持的高新技术企业优惠税率条件"具有大学专科以上学历的科技人员占企业当年职工总数的 30% 以上，其中研发人员占企业当年职工总数的 10% 以上；研究开发费用占销售收入的比例不低于规定比例。近三个会计年度研究开发费用总额占销售收入总额的比例符合如下要求：最近一年销售收入小于 5000 万元的企业，比例不低于 6%；最近一年销售收入在 5000 万元至 20000 万元的企业，比例不低于 4%；最近一年销售收入在 20000 万元以上的企业，比例不低于 3%；新技术产品（服务）收入占企业当年总收入的 60% 以上"等，人力资源服务业企业基本上难以符合这些条件，尤其刚刚进入研发阶段和中试阶段的企业基本享受不到这些税收优惠。

三、创新财政税收体制，增强资金支持动力，推动人力资源服务业发展的几点建议

（一）争取财政专项扶持

在市场经济条件下，特别是在民间资本不断壮大的情况下，财政专项扶持这种政府资金的介入并不是要对所有公共服务领域的事务"包办一切"，其性质应是补贴性资金。政府部门并非大规模地介入服务投资领域，而只是在一些"市场失灵"领域起到示范引导作用，最终目的是通过营造良好的投资环境，以政府投入为引导资金，带动民间资本投入，从而拓宽这些领域的融资渠道，促进这些领域的快速发展。

1. 设立行业发展专项资金

在已将人力资源服务业纳入现代服务业的重要扶持行业的基础上，进一步把人力资源服务业列入服务外包业的范畴，并参照国家有关部委关于支持现代服务业和服务外包发展的有关政策，制定、出台、落实专项扶持政策，如设立人力资源服务业发展专项资金，占区域人才发展专项资金的 10%；重点对人力资源服务产业园区的功能创新产品、技术平台、研发费用等进行支持。

2. 鼓励扶持高端项目

鼓励引进高端服务项目，或扶持本地机构从事高端服务项目，对于一些影响大、带动作用强、具有示范效应的高端行业服务项目，可探索采取如鼓励组织购买服务产品等类似做法的所谓间接补贴方式。如 2010 年 11 月，浙江省宁波市江东区对人力资源服务机构为该区企业正式引进高层次人才的，每引进一名人才就给予服务机构最高 1 万元的奖励费；为鼓励企业通过专业人力资源服务机构引进人才，该区还规定企业通过服务机构从区外正式引进年薪 50 万元以上高端领军人才的，给予用人单位最高不超过 10 万元的中介费补助。这些创新举措在当时国内处于领先地位。2012 年 7 月，宁波市北仑区对服务机构为该区引进国家"千人计划"人才的，每引进一名人才给予该机构 60 万元的奖励；引进浙江省"千人计划"人才的，每引进一名人才给予该机构 30 万元的奖励；对引进研究生及重点高校本科生的，也给予相应奖励。这既为解决高层次人才引进问题增加了一条渠道，也助推行业服务机构发展。下一步可拓宽范围，加大对人力资源培训、人力资源管理咨询等行业其他业态的鼓励扶持。

3. 支持创新团队

针对团队发展不同阶段实施不同资助方式。对于初创时处在不稳定阶段的创新团队，政策的适度倾斜相当重要，一次性资助方式可以让团队成员没有后顾之忧，给予团队成员心理上的安全感，努力推进团队进入稳定期。给稳定期的创新团队以连续性资助，有助于其顺利进入团队成熟期，创新绩效持续提升并保持在一个稳定水平。对进入成熟期的团队采取分期资助方式，则有利于减少其内部的松懈和自满倾向，对团队取得的成绩既给予了及时反馈，激励团队进步，又可经常提醒团队成员认清新的任务和挑战。

4. 构建透明高效的财政资金管理体制

在财政资金管理上，引入"阳光"机制，打造公正、高效的产业政策资金管理平台。建议构建面向企业的经济政策资金管理软件平台，将资金管理的全过程纳入该平台，通过该平台实现资金管理信息化、动态化、一站式服务，使企业能够通过该平台达到政策咨询、资金申报、结果查询的目的；职能部门能够通过该平台满足政策发布、申报受理和审核、结果公示、服务企业的需求；财政部门能够通过该平台实现申报复核、结果公示、资金拨付、查询统计、追踪管理的目的。通过将政策资金从申报到兑现的全过程统一在一个平台中，实现速度与程序的最优配置，达到企业、职能部门、财政部门的协调一致，形成充分发挥政策资金效应的高效、透明的管理机制。

（二）增强税收调节效应

税收政策是指国家关于服务机构、服务人员纳税的规定。税收政策的激励作用要比直接投资或补贴的作用大，因为税收可以和服务机构的经营业绩挂钩。

1. 加大人才服务外包优惠力度

研究显示，"人才服务外包比 IT 行业服务外包范围要大，包括人才招聘外包、人力资源管理和人员匹配的外包、劳动关系处理的外包、企业激励和绩效策划的外包，甚至一个业务流程的外包等"，因此应享受比 IT 服务外包更优惠的税收待遇。

2. 加大行业高层次人才优惠力度

对于行业企业中本科及以上学历的人才，建议提高个人所得税免征额，并去除个人所得税返还奖励额度最高限额。对股权激励中的个人累计持有 5 年以上的股权所产生的转让或溢价收益，实行减半征收；累计持有 10 年以上的，可免征。基于地方政府对此没有相应的制定权，建议以财政补贴的形式给予受益方。

3. 考虑间接税收优惠措施

直接优惠是一种事后奖励，作用直接，但当经济发展到一定水平，这种奖励性税收优惠的负面作用就越来越大，影响到企业间的市场竞争。而间接优惠是扶持性优惠和引导型优惠，是针对行业结构调整需要提出的，其措施大都是税基扣除或者延期纳税，是政府与企业对风险的共担，降低了企业预期的不确定性。该方式中的企业并没有少缴税收，只是延迟缴纳，类似获得了政府一笔无息贷款。一方面降低政府财政收入波动风险，另一方面也有利于形成稳定的投资机制，保持经济的可持续发展。建议在适度保持减免税、低税率等直接税收优惠的基础上，加大延期纳税机制引入力度，更多采取延期纳税式优惠。在税收优惠政策中纳入人力资源服务企业的创业和经营过程，可降低其投资与经营管理的风险。

与此同时，应建立完善税企联系制度。让纳税人及时、全面、准确地了解行业发展的税收优惠政策，努力营造优质高效的办税环境。

第二节 金融渠道创新与产业资金支持动力培育

一、金融渠道创新对行业发展的影响

（一）行业培育功能

对于新兴发展的人力资源服务业，通过金融渠道创新可以获得其急需的货币资本包括长期性资金，支持企业新产品研发和服务模式创新，为行业的未来发展打下坚实的基础。与此同时，金融创新主体还可以运用自己的经验、知识、信息和人际关系网络，肩负起输入管理技能、知识经验、市场资讯资源的责任，帮助新兴机构提高管理水平和开拓市场，提供增值服务，促进业内企业的成长和发展。

（二）要素集成功能

金融创新在提供资本要素的同时，还需要结合其他一切可以利用的资源，以降低自身风险，而这一过程为行业的发展起到了全面的要素保证功能。通过金融创新可以将金融市场与商品市场、劳动市场、技术市场连成一个完整的市场体系，推动各种资源向优势企业和行业集聚，迅速壮大企业规模，提高规模经济效益和行业竞争力，推动企业向集团化、国际化发展。

（三）风险管理功能

风险配置是金融体系的一项重要功能，金融中介不仅仅是资金中介更是风险中介，通过风险的集聚、交易和转嫁等风险管理机制，金融体系在全社会重新配置风险；更能结合行业服务的特点创新性地对风险进行重新配置和管理，鼓励那些有利于行业转型发展的风险活动的开展。

二、行业金融渠道种类及其特点

（一）间接融资

间接融资是指以银行、信用社等金融机构为中介的融资，包括各种短期贷款、中长期贷款等。在间接融资方面，商业银行可以运用信贷杠杆，通过制定信贷政策，调整贷款在不同地区、不同产业间的比例，从而引导资金流向，进

而影响生产要素的配置，起到有侧重地支持某些地区、某些产业发展的作用。

（二）直接融资

直接融资是指以股票和债券形式公开向社会募集资金及通过向租赁公司办理融资租赁的方式融通资金。在直接融资方面，证券市场作为金融资产和金融工具的供给场所，它可以按流通性、收益性、风险性不断排列组合，形成多样化的金融产品满足投资者，从而将资金引向素质好、有市场前景的、高成长性的企业和项目，以满足行业发展对资金快速集聚的要求。而风险投资基金更是促进新兴行业活跃发展的重要推手。

风险投资基金又称创业投资基金，是指以一定方式吸收机构和个人资金，再以股权投资的方式，投向那些不具备上市资格的新兴产业或科技型企业，并且资金的使用伴随着全过程监控；待企业成熟而取得上市资格后，风投基金可以通过证券市场转让股权而收回资金，再继续投向其他风险企业。可以看出，风险投资基金与其他融资手段相比，更能有效发挥市场机制自发配置资源的作用，引导民间资金流向效益卓越的产业。美国的硅谷当年就是凭借其完善的风险投资机制，成为众多高科技企业的摇篮。

从发达国家的情况看，活跃的风险投资有动力支持和推动人力资源服务机构创业，引导人力资源服务机构加大研发投入，帮助人力资源服务机构克服研发创新的资金障碍，提高自主创新能力。对此，Kortum & Lerner（2000）研究发现，那些获得风险投资企业的专利数量更多、质量更高。谢伟平和高敏（2013）通过实证研究得出，风险投资市场的发展及其运作的成熟，对于企业的创新能力和技术进步有很大促进作用。同时，风险投资良好的资源配置和项目管理经验能够帮助人力资源服务机构针对市场发展前景进行有效的创新，降低创新的风险。

（三）互联网金融融资

互联网金融的界定可以从不同的外延展开：广义上，互联网金融是互联网信息技术与现代金融业全方位结合所产生的金融业务，包括但不限于网上银行、网上证券、网上保险、网上信托、网上支付与结算，以及其他互联网新型金融模式；狭义上，互联网金融仅指与互联网技术及互联网精神高度契合的新型金融模式，以第三方支付平台、电商网贷、P2P网络借贷、众筹为典型代表（汪振江和张驰，2014）。

可见，互联网金融是借助互联网技术、移动通信技术实现资金融通、支付和信息中介等业务的新兴金融模式。它既不同于商业银行间接融资，也不同于资本市场融资，是传统金融行业与互联网精神相结合的新兴领域；其透明度好、参与度高、模式灵活、中间成本低且操作便捷。

近年来，特别是 2013 年，国内互联网金融业务获得了爆发式增长，信贷融资、个人理财、第三方支付等多个领域都出现了标杆企业，金融服务互联网化发展成为必然趋势。2014 年 3 月，互联网金融首次被写入政府工作报告，监管层也释放出鼓励支持的信号——互联网金融是当前最具创新活力和增长潜力的新兴业态，也是中国深化金融改革、加快金融创新的关键领域。普惠金融的特征使得互联网金融能让过去没有获得金融服务的弱势群体、三农领域、小微企业得到金融服务。2014 年 11 月 19 日，李克强总理在国务院常务会议上提出建立资本市场小额再融资快速机制，开展股权众筹融资试点，鼓励互联网金融等更好地为"小微""三农"提供规范服务。

这种基于大数据的融资模式与银行相比有一个很大不同，不是根据企业资产负债表上可能产生的还款能力来放款，而是基于该企业的行为数据来判断这个企业的还款能力，利用借款人在电子商务平台、社交网络、第三方支付等互联网平台上的数据，进行分析和挖掘，进而作出信贷决策。基于这些数据不是依赖于个人的主观判断，相对而言失真的程度小，并且数据更新的频率很高，甚至可以做到实时监控，反而能够帮助贷款机构更好地识别借款人的信用风险，为小微企业融资提供了新的模式。

同时，互联网金融也有助于降低传统金融企业的操作风险。在传统金融服务模式下，操作流程尽管很多已经实现了系统自动化，但仍然很大程度上依赖人工操作，操作风险也很高，比如未经授权的业务操作、签字盖章环节遗漏等。互联网金融的系统自动化程度大大高于传统金融服务模式，对人工的依赖程度很低，因人工操作失误导致的操作风险概率也会更低。据统计，银行单笔信贷的操作成本大都在 2000 元左右，而阿里巴巴创新金融每笔小微信贷的操作成本仅仅为 2.3 元（刘志洋和汤珂，2014）。

整体处于发展上升期、规模仍较小的民营人力资源服务机构与传统的金融企业，正对此加以高度关注。

三、行业金融渠道亟待创新的具体表现

调研发现，金融渠道不畅、金融服务与需求不匹配、风险分散机制不健全等诸多因素制约着行业资金支持的活跃发展。

（一）银行等间接融资难以发挥主渠道作用

制造业企业中，关键性资源是物质资本，不仅能够与其所有者分离，而且物质资本如设备、厂房、原材料等大多数以实物形态存在，可以在市场上进行价值评估，具备一定市场价值，既可以进行买卖变现，也可以进行抵押。

然而，人力资源服务业关键性资源是异质性的人力资本，人力资本与其所有者的不可分离性，导致行业核心资产相比制造业企业而言不能成为天然的企业风险承担者。即使人力资本的创新成果如商标、知识专利等具备知识产权的无形资产可以进行交易，但其估价要难于物质资本，同时这些无形资产由于价值的难以评估带来的不确定性，使得其未必能在市场上找到相应的买家，交易成本较高。如此，增加了人力资本所有者在企业面临危机时的机会主义行为，其可能的风险转移行为大大增加了外部投资者和创业的风险，相比制造业企业，这些企业就面临更大的融资难度。

制造业企业创业一般以其可抵押的核心资产进行银行抵押贷款融资，传统的银行主导型资本市场能够满足其融资需求。而鉴于现有银行体系的专业性程度缺乏对行业无形资产的定价能力，现有银行体系贷款存在"重有形资产、轻无形资产，重固定资产、轻流动资产"的特点，使得人力资源服务业资产难以被商业银行、担保公司等市场主体合理定价；与新兴现代服务业相关的价值评估体系和行业信用担保体系建设的滞后，以及风险和收益的不对称，使得这种债务融资对银行的激励有限，造成行业企业申请商业银行贷款手续烦琐，成功率低，筹融资非常困难。

（二）发债、上市、股权投资等直接融资渠道不畅

1. 企业难以获得债券发行资格

一方面，中国企业债券发行市场不发达已经严重影响金融体系整体长远发展，从根本上也影响了行业企业发行企业债券的难度；另一方面，公司债的发行担保规定严格，商业银行不能再对服务企业债券发行提供担保，导致企业发债困难重重。

2. 企业难以获得上市融资资格

通过股票发行获取资金也存在难度。首先，在中国，资本市场作为融合民间资金的主渠道，其作用远未得到充分发挥。尽管中国的多层次资本市场体系已初步形成，建立了主板市场、中小板市场和创业板市场，但融资渠道仍旧很单一，主板市场的准入条件十分严格，企业上市发行股票在规模、业绩等方面均有很严格的规定，上交所、深交所主要是解决国有企业、大型企业的上市融资，将众多中小企业排斥在外，人力资源服务企业相当部分为中小微企业，较难达到相应的规定；中小板市场和创业板市场规模有限，深交所创业板主要解决科技型中小创业企业上市融资，全国统一的场外交易市场尚未建立，人力资源服务企业通过？（IPO，首次公开募股）渠道募集资金基本不可能。其次，证监会规定企业无形资产占净资产的比重不得高于20%，

人力资源服务企业缺乏固定资产等有形资产，企业的价值多以无形资产衡量，无形资产比重往往高于20%，难符证监会标准，难获上市融资资格。

3. 企业难以获得股权融资

目前中国股权投资尚处于初步发展阶段，融资规模相对较小，且股权投资比较青睐具有高额回报的科技型中小企业或有较好商业模式、投资回报稳定的传统行业。人力资源服务机构大多经营历史短、盈利记录少、信息披露不全面、产品不成熟，使得风险资本的投资面临较高程度的不确定性和信息不对称性。风险资本家与企业家信息不对称和目标不一致，双方存在的委托代理问题导致引入天使投资、风险投资和私募股权基金等股权投资的份额仍较低。更有甚者，一些设立的风险投资引导基金变成了招商引资的工具，失去了这些基金对新兴行业投资的引导功能，难以通过市场化的发现、筛选机制，培育出代表未来产业发展方向、具有较强市场竞争力的企业。

另外，据调研反映，目前风险投资长期资本来源渠道也不稳定，缺乏稳定的机构投资者，管理人行为短期化。国外的创业投资基金主要来源于养老金、捐赠基金、保险公司、商业银行等机构投资者，个人所占比例一般不超过10%。而中国创业投资基金主要由民间个人资本组成，银行、证券、保险等金融机构各自为政，缺少合作，难以形成完整的金融服务链条。由于金融监管不力，各种形式的非法集资难以鉴别，多数基金追求短期暴利，不能为人力资源服务业提供长期稳定的资金支持。

（三）互联网金融未能充分发挥作用

一方面，中国多数地区针对金融运用的数据挖掘工作尚处于起步阶段，还没有实用的大数据金融模式，存在基础设施及技术人才的匮乏、客户企业不肯让渡自身数据、政府部门数据难以整合、大数据公共平台建设还未进入决策视野、大数据金融创新度较高，以及很多平台或掌握数据的企业或部门还不懂得数据价值和运用方法等较多障碍。

另一方面，在人力资源服务业界，除了伯乐遇马等少数机构外，相当部分业内机构虽对互联网金融有所了解，但对具体如何突破并加以运作缺乏成熟的理念与经验，非常想学但又怕风险，有畏难情绪，观望等待的居多。

四、创新金融渠道，增强行业资金支持动力，推动人力资源服务业发展的几点建议

（一）充分发挥银行等间接融资主渠道作用

中国金融体系中占据主导地位的仍是商业银行，对新兴产业来说，如完

全失去商业银行的信贷支持，必然缺乏足够的资金支持而难以健康发展。

1. 强化行业信用担保体系建设

知识产权质押融资借鉴国内外服务机构构筑信用担保体系的有益经验，先行推广区域性行业服务机构信用体系建设，加强信用体系评估，并使之作为金融体系评估企业信用的重要准则。

另外，构建风险保障机制贷款担保。设立专门的贷款担保基金，采用政府第三方担保形式为企业提供贷款，弥补企业普遍财产担保不足的缺陷，改善其贷款环境。担保基金的来源可以是从产业所征收的税收、财政无偿拨款、科技三项经费等，行政主管部门根据企业信贷担保计划，对符合条件的申请者，按贷款性质、数量和期限长短，提供一定比例的担保，并签订担保合同。

2. 帮助银行提升无形资产价值评估能力

深化银行、政府、担保机构、人力资源服务企业多方合作机制，创新人力资源服务业知识产权质押贷款，探索并构建一套适合人力资源服务业无形资产价值评估的定价体系。

知识产权质押融资是指知识产权所有者将其合法拥有的并且在有效期内的专利、商标、版权等知识产权进行出质，以此从银行等金融机构获取资金并还本付息的一种融资方式。作为一种新型的质押融资方式，一方面，能够把人力资源服务机构的知识产权等无形资产转化为有形的资本形态的产权，破解难以进行抵押融资的困境。在企业进行知识产权质押融资过程中，企业所拥有的知识产权的所有权和使用权并不会发生转移，企业能够用优质资产进行质押，提高质押物的价值，增大获取贷款的可能性。另一方面，知识产权质押融资过程中必须对企业知识产权的价值进行评估，通过价值评估激励创业，加快知识产权向现实生产力的转化。

然而，正如有研究指出的那样，这需要有知识产权保护相关的法律法规制度、评估知识产权价值的专业机构和实现知识产权交易的市场等外部条件。因此，我们需要：一是健全专门的知识产权质押融资的相关法律法规，对知识产权质押作出详细具体的规定；二是建立统一和完善的知识产权评估指标体系，充实专业的知识产权评估机构和人才；三是规范和成熟知识产权交易市场，加强对市场的监管和服务，解决信息不对称、交易效率低下等问题。

（二）有效疏通合资合作、风险投资等直接融资渠道

近些年，中国东部较发达地区的证券、保险、信托、基金、融资租赁业的资产平均增长率均高于银行业资产增长率。在非银金融领域，很多新业态还在不断涌现，特别是各类私募金融和股权、金融资产、大宗商品等要素市

场平台取得了突破性进展。对于人力资源服务业这类新兴服务业的融资，更应有效疏通合资合作、风险投资等直接融资渠道。

1. 支持和鼓励人力资源服务企业与国外知名机构开展合资合作

研究表明，外商投资企业对本土机构发展存在着正面的溢出效应和负面的挤出效应。

中国本土服务机构尽管与外资企业技术水平存在一定差距，但学习氛围浓厚，学习能力较强，知识产权也日益受到重视。为更好激发溢出效应大于挤出效应的效果，应从限制引入外资转变为有选择地引进外资；对于外资服务企业在本地设立单独机构或合资机构，在资本规模、出资构成、人员组成、控股比例等方面进一步降低限制条件，以吸引国际知名人力资源服务机构入驻，提升与国外人力资源服务供应商的合资合作水平，引进国际先进的人力资源服务理念、服务项目、服务技术、服务标准和管理模式，带动行业整体水平提高。

2. 支持风险投资发展

目前，私募股权投资业近几年已进入了快速发展阶段，一批创业创新项目得到了股权融资，一批人才技术团队得到资本的青睐。应进一步优化风险投资发展环境，完善风险投资税收优惠政策，鼓励民间资本进入风险投资领域，推进中国风险投资行业自律，推广有限合伙制度；加强风险投资公共信息平台建设，研究出台鼓励风险投资中介服务发展的措施。设立风险投资损失补偿基金，使风险投资者形成比较准确的收益预期；针对中国尚处于风险投资业初期的现状，在对风险投资采取引导与激励的同时，政府仍有必要通过辅以直接投资、拨款、补助的方式促进风险投资的发展，如建立风险投资引导基金，发挥杠杆作用，引导社会资金的流入，实现风险资本的社会化、多元化。在可以控制金融风险的前提下，逐步允许养老金、保险金、信托投资等机构适时介入风险资本市场；引入国内市场业绩良好的大型企业集团、国外机构投资者进入风险资本市场，充分利用这些机构雄厚的资金实力和丰富的管理经验，带动风险投资的发展；广泛吸引对风险投资有正确认识、有资金实力、有承担风险能力的家庭或个人参与风险投资，扩大风险投资的社会基础。地理位置邻近不仅有助于沟通信息和增进信任，还有利于企业获取风险资本的社会资源和关系网络；行业企业进行外部股权融资时，应该优先选择本地风险资本机构，尤其是本地国有风险资本机构。

在完善真正意义上的天使投资、风险投资和股权投资的多层次投融资市场的基础上，设立一定规模的人力资源服务业政府性投资引导基金，撬动天使投资、私募股权、风险投资等股权投资资本投向人力资源服务企业，促进中小行业企业的发展。

（三）拓展互联网金融融资渠道

一方面，促进传统金融与数据平台合作。在加快传统金融机构互联网化的同时，引进大数据信息服务公司。大数据金融的发展需要专业的金融信息服务公司来支撑，可以采取本地金融总部与外地金融信息服务公司合作的方式，尽快形成本地大数据金融服务模式，加强区域大数据金融的竞争力。

另一方面，发展完善股权众筹平台。所谓众筹，即有一定实力的投资人和小创业者筹集资金，通过股份分红或享受服务、产品回报的方式，共同投入某一项目的形式；是借助互联网和社交网络广泛传播的特点去筹集资金、产品或者渠道等。连接大众投资者和项目、担任中介及监督者和辅导者角色的则为众筹平台。

众筹类型包括债权众筹、股权众筹、产品众筹、捐赠众筹等。其中，股权众筹是指公司出让一定比例的股份，面向普通投资者，投资者通过出资入股公司，获得未来收益。这是一种基于互联网渠道进行融资的模式。通俗地说，股权众筹是私募股权的互联网化。这一模式的本质是消除了传统融资的中间环节，对于提高融资效率和降低交易成本作用明显。尤其对于促进初创企业的发展，既能够帮助解决需求方普遍存在的融资难题，又能满足供给方支持初创企业发展、分享初创企业的成长收益。而创业者不仅能够获得资金，还可以获得除钱以外更多的行业资源、管理经验等附加价值。

目前，依托国外资本和人力资源服务机构发展起来的股权众筹互联网平台"伯乐合投"已正式上线，而随着股权众筹、债权众筹等结合具体行业应用的众筹平台的涌现，不断增强投资者风险意识，培养提升其识别能力，加强创业项目收集筛选，提高项目主体信用意识，可进一步发挥好专业机构的服务功能，对于众多创业阶段企业拓宽融资渠道、增强行业资金支持动力具有重要的补充作用。

（四）建立部门联动机制，努力营造良好金融环境

一方面，建立投融资信息沟通机制，及时收集、发布政银企投融资项目及相关政策信息；另一方面，完善区域经济发展金融联席会议机制，定期交流沟通情况，协商解决共性问题，积极推动地方政府成为良好金融生态的营造者，推动司法、公安等部门加快失信惩戒制度的构建与完善。

第四章 人力资源服务产业发展与产业信息整合动力培育

第一节 宏观信息渠道创新与产业信息整合动力培育

一、宏观信息渠道亟待创新的表现

这方面主要有两大表现：一是政府信息调控亟待改进；二是业界信息交流亟待加强。

（一）政府信息调控亟待改进

在现实经济中，信息往往是不完全的，甚至是很不完全的。信息不完全不仅是指那种绝对意义上的不完全，即由于认识能力的限制，人们不可能知道在任何时候、任何地方发生的或将要发生的任何情况，而是指相对意义上的不完全，即市场经济本身不能够生产出足够的信息并有效地配置它们。信息不对称是指市场上的某些参与者拥有信息，但另一些参与者不拥有信息；或指一方掌握的信息多一些，另一方掌握的信息少一些。

在信息不完全和不对称的情况下，市场机制有时就不能很好地起作用。例如，由于缺乏足够的信息，生产者的生产可能会带有一定的盲目性：有些产品生产过多，而另一些产品又生产过少；消费者的消费选择也可能会出现失误，比如购买了一些有害健康的商品，而错过了一些有益健康的商品。更坏的情况是，由于缺乏足够的信息，有些重要的市场甚至可能根本就无法产生，或者即使产生，也难以得到充分的发展。也就是说，信息不完全和不对称会导致市场失灵。

在市场机制不能解决问题时，就需要政府在信息方面进行调控。信息调控的主要目的是保证消费者和生产者都能够得到充分的和正确的市场信息，以便他们能作出正确的选择。

然而，在影响人力资源服务业发展的宏观信息渠道上，不少城市各级人才服务机构之间、职业介绍机构与行业服务机构之间、各行业服务机构之间信息尚未进行较好整合，各自为政，服务内容、运行机制相互独立，信息不能更好地联网贯通，资源利用效率低，未能实现资源共享，难以发挥整体规模效应。调研中，对"政策法规信息传输不畅"和"您所在企业是否了解本地的人才政策和人力资源服务业政策"这两个问题，回答"了解不多"的占了大部分。

（二）业界信息交流亟待加强

已有研究指出，除了政策信息外，各种行业相关的价格信息与机会信息也是推动创新的重要动力（刘琦岩，2014），但由于企业规模所限，许多本土人力资源服务企业网站规模较小且内容单一，没有形成足够的影响力，更不用说运用海外的分支机构或销售网络帮助搜集国际信息；服务创新方面所需的价格信息、机会信息等往往从顾客的需求、同行龙头企业或外资企业那里获取，然后由本企业自身去开展创新。而业界自身交流却并不是很理想，当问及"您希望通过何种方式获知本地人才政策和人力资源服务业政策、人力资源服务业创新动态"时，选择"人力资源和社会保障系统网站与人力资源服务业QQ群"同时又反映"希望有更多的业界交流途径与方式"的占了相当部分。

二、加强宏观信息调控，搭建更强信息平台

以规划智慧城市为契机，深度整合行业发展信息资源，搭建更强的公共信息平台与行业信息交流平台。

（一）搭建公共信息平台

加快建立统一的人力资源信息公共服务网络体系，完善跨政府各职能部门的数据标准及交换体系，实现各类相关行政业务信息的共享，重点推进人力社保、经济管理、教育科技等部门间的网络贯通，丰富网络信息，形成以"人才工作网""人力资源市场网"为引领，各级服务网络为支撑的全面覆盖、互联互通的人力资源服务信息网络体系；并通过建立网上虚拟电子政务大厅，精简政务流程，提高管理效率和降低行政成本，通过建立可靠的信息传播机构和渠道，为业内企业提供信息咨询，让这些信息成为业内企业决策的重要依据。

（二）搭建行业信息交流平台

一方面，通过各种微信公众号、公益性活动、组建讲师团宣讲、联谊会、论坛、沙龙、高端人才招聘等途径及活动，交流行业发展动态，互通前沿理论信息，建立健全行业专家库和行业发展数据库，积极推动与国外知名人力资源网站的合作，鼓励经营性人力资源网站建设，积极发展网上人力资源市场，把握行业服务产品市场态势。

另一方面，在充实人才基础信息库、人才专业分类信息库、岗位分类信息库等数据库，定期发布人才统计公报，编制人才供求目录，建立人力资源供求信息发布制度，建立人才市场预测监测机制，加强市场动态监控系统建设，监控人才流向的基础上，通过扩充企业人力资源经理 QQ 群、未就业毕业生 QQ 群等特色信息沟通方式，充分实现各类服务机构经营信息共享；并在完善企业运营状况数据库的基础上，进一步建立企业信用信息数据库，构成覆盖全部企业的信用管理网络体系，完善由企业信用信息征集记录系统、信用信息查询系统、企业信用信息公示系统 3 个子系统构成的信用信息监督管理系统。借此，在坚持政府推动、部门联动、市场化运作、全社会广泛参与的原则下，先在派遣服务外包、招聘等服务领域开展诚信管理试点，建立信用监督和失信惩戒制度，然后逐步普及建立行业服务机构及从业人员诚信档案，完善服务机构信用等级评估体制，评估结果定期向社会公布，对信誉好的企业授予荣誉称号，不断提升行业社会美誉度。同时，筛选专业特色分明、管理制度完善、服务功能强大、发展潜力大的业内企业，通过分类推荐、定期宣传、评选奖励等方式予以重点培养。

应该看到，信息平台的完善同时也拓宽了政府管理部门获得信息、数据的渠道，有助于决策更为科学有效、管理更加规范化，更加有利于行业的科学发展。

第二节 云计算技术与产业信息整合动力培育

一、信息技术极大促进行业信息整合，推动行业发展

（一）促进信息互补交流，扩张行业规模

由于现代电子信息技术对不同行业的渗透性和不同区域的覆盖性，可有效打破行业分割和区域分割，实现不同行业、地区的人才及时的余缺调剂，使人才资源不仅仅局限于区域间和行业内，而形成统一的人才大市场，使各

地人才与信息资源可互补交流，有效缩短现实时空距离，大大节约行业发展的时间成本和空间成本，从而使得行业可以在更短的时间内，以更低的成本进行区域资源和行业资源的整合，迅速扩大服务规模。

（二）改善信息交流效果，提高服务质量

与实物产品质量主要取决于产品生产商不同的是，人力资源服务质量不仅取决于服务供应商，更取决于服务消费者。在服务短缺时代，服务供给决定服务消费，服务质量更多地取决于服务供应商，而忽视了服务消费者的感受。

借助信息技术，服务生产商将服务前台搬到互联网。互联网强大的交互功能、评价功能、渗透功能，使得服务生产商可以最广泛和最便捷地与服务消费者进行交流。对服务供应商来说，行业电子化平台具有强大的信息发布能力；对服务消费者来说，通过互联网强大的信息检索能力，可以有效解决服务供需信息不对称问题。而平台便利的交互性也有利于服务消费者表达更加个性化的服务需求。通过供应商与消费者信息交流效果的改善，使服务消费决定服务供给的能力得到显著提升，有利于改进服务供给，提高服务质量。

二、云计算及其对人力资源服务业产品的影响

（一）云计算的含义

云计算根源于互联网九大思维中的大数据思维，即数据资产成为核心竞争力；大数据的价值不在大，而在于挖掘能力以及大数据驱动运营管理。

依托大数据的发展，云计算运用快速推进。广义云计算指服务的交付和使用模式，指通过网络以按需、易扩展的方式获得所需服务。这种服务可以是 IT 和软件、互联网相关，也可以是其他服务。狭义云计算就指 IT 基础设施的交付和使用模式，指通过网络以按需、易扩展的方式获得所需资源。云计算的核心思想是将大量用网络连接的计算资源统一管理和调度，构成一个计算资源池向用户按需服务。提供资源的网络被称为"云"。目前，一些全球性服务业巨头都加大了云计算方面的发展力度。

（二）云计算的三条标准

1.用户所需的资源不在客户端而来自网络

这是云计算的根本理念所在，即通过网络提供用户所需的计算力、存储空间、软件功能和信息服务等。

2.服务能力具有分钟级或秒级的伸缩能力

如果资源节点服务能力不够，而一旦网络流量猛增，就需要平台在一分钟或几分钟之内，自动地动态增加服务节点的数量，从 100 个节点扩展到 150 个节点。能够称之为云计算，必须具备足够的资源来应对网络的尖峰流量。

3.具有较之传统模式 5 倍以上的性能价格比优势

云计算之所以是一种划时代的技术，就是因为它将数量庞大的廉价计算机放进资源池中，用软件容错来降低硬件成本，通过将云计算设施部署在寒冷和电力资源丰富的地区来节省电力成本，通过规模化的共享使用来提高资源利用率。

（三）云计算对人力资源服务业产品的影响

运用云计算可以将所有客户的需求第一时间收集起来，同时建立客户中心，把客户的信息第一时间转化成平台上很多细节功能的扩展，因而不需要客户提出，就可在第一时间把很多功能推送到客户的面前并提供相应的培训支持。有测算显示，在人力资源系统，用错一个人付出的成本，大约是这个人月薪的 5 倍；而一名核心人才的流失，意味着至少 2 个月的招聘期、3 个月的适应期、6 个月的融入期，还有相当于 4 个月工资的招聘费用。这就使得越来越多的企业逐渐倾向选择通过云计算平台来进行人力资源管理。

第五章 人力资源服务产业发展与产业发展空间动力培育

第一节 产业集聚区建设与产业发展空间动力培育

一、建设人力资源服务产业集聚区对于行业发展空间动力培育的战略意义

为充实提升行业供给主体，许多产业纷纷从以技术、项目为中心转向以支持集群发展为重点，以培育形成产业链生态环境良好的产业群，使得各类产业园区或产业集聚区应运而生。

人力资源服务产业集聚区以进一步提升行业规模化、集约化水平为目标，通过优惠政策和优质服务吸引机构入驻，促进行业集聚发展，提升供给主体素质，是人力资源服务业发展的高级形态，对于拓展行业发展空间和人才高地建设具有战略意义。

（一）落实中央和各省、市精神的需要

近年来，国家、省、市高度重视人力资源服务产业化发展，在国务院下发的《服务业发展"十二五"规划》中，明确将人力资源服务业列为12大生产性服务业之一，要求"构建多层次、多元化的人力资源服务机构集群，探索建立人力资源服务产业园区，推进行业集聚发展"。2011年《人力资源和社会保障事业发展"十二五"规划纲要》（人社部发〔2011〕71号）第二章专节专栏提出的"人力资源服务业发展推进计划"中，明确提出要建设人力资源服务产业园区。一些省市也纷纷提出进一步做大做强产业集聚区，如浙江省领导在2011年全省发展人力资源服务业推进会上，明确要求各地积极推进产业集聚区建设，随后省里出台的《关于加快发展人力资源服务业的意见》也提出："支持有条件的地区设立省级人力资源服务业集聚区，积极申报创建国

家级人力资源服务产业园。"

（二）经济转型发展的需要

人力资源服务业是市场经济条件下优化人才资源配置的主力军，也是现代服务业的重要组成部分。做大做强产业集聚区，不断完善政府人力资源公共服务与市场化有偿服务齐头并进的人力资源服务体系，是落实"创新驱动"，服务新常态下经济社会发展的重要举措。

（三）产业升级发展的需要

整体而言，目前人力资源服务业在中国发展时间不长，国内外知名机构还不多，服务产品链还不够完整，能够提供高端服务或者提供人力资源服务整体解决方案的优质企业相对缺乏。通过园区建设，集聚国内外优质企业，打造良性竞争和互相学习平台，降低办公和运营成本，形成行业发展规模效应，有利于提升企业在现代服务业中的行业地位，拓展行业发展空间。园区的建设还有利于行业规范发展和集中监管，形成行业发展的示范区，成为人力资源服务企业的孵化基地和培育大型机构的助推器。

（四）培育供方市场的需要

目前，人力资源服务机构分布比较零散，行业还不为社会所熟知，用人单位即使有服务需求，有时也不知道去什么地方找机构。打造产业集聚区，有计划地引进不同类型的国内外知名机构，不断丰富人力资源服务产品类型，便于人力资源服务集中采购；同时通过加大宣传力度，扩大行业影响力，吸引用人单位主动上门寻求人力资源服务，不断扩大人力资源服务市场，通过一段时间的努力，可以使若干个人力资源服务产业集聚区成为区域乃至全国人力资源服务交易的知名市场。

二、国内人力资源服务产业集聚区建设现状

（一）国家级人力资源服务产业集聚区建设

中国上海人力资源服务业集聚区。这是国内人力资源服务领域第一个国家级人力资源服务产业集聚区，2010 年 11 月正式运营。目前已形成以上海人才大厦、新理想国际大厦为载体的人力资源服务企业集聚地，以上海人才培训广场、上海市青少年活动中心为载体的人力资源培训机构集聚地，以上海人才大厦延伸楼宇为载体的人力资源服务外包产业基地，以周边楼宇为载体的后台服务和呼叫中心基地。

中国重庆人力资源服务产业园。2011 年 7 月，由国家人力资源和社会保障部同意筹建。这是西部第一家部市共建的国家级人力资源服务产业园，集综合性的人力资源市场、统筹城乡的人社信息中心、多功能的社会保障服务平台、多元化的人力资源服务产业基地等功能于一体。

中国中原人力资源服务产业园。2012 年 7 月，人力资源和社会保障部批复河南筹建"中国中原人力资源服务产业园"方案，这是体现中部崛起的又一个国家级人力资源服务产业园。

中国苏州人力资源服务产业园。2013 年 12 月，人力资源和社会保障部复函江苏省人民政府在苏州筹建"中国苏州人力资源服务产业园"。从 2012 年起，苏州市就积极打造以苏州高新区人力资源服务产业园为核心区，常熟、吴江和昆山人力资源服务产业集聚区为分园区的"一园多区"人力资源服务产业园建设格局，未来将以"产业集聚区、品牌服务集散区、企业孵化区、四化先行区"为园区功能总定位。

中国杭州人力资源服务产业园。以下城区、江干区为基础，高新（滨江）区、余杭区、拱墅区、杭州经济开发区等人力资源服务产业园区为分园区，定位为多功能的社会保障服务平台、多元化的人力资源服务产业基地、多渠道的人力资源解决方案产品创新基地。

（二）省级人力资源服务产业集聚区建设

山西太原高新区人力资源产业园。2011 年 8 月，太原高新区与山西省人力资源和社会保障厅签署省区合建《山西省人力资源服务产业园区协议》，目标为形成立足山西、服务本土、辐射中西部地区的人才大市场。

安徽马鞍山人力资源产业园。2012 年 2 月，安徽省人力资源和社会保障厅批复马鞍山人力资源服务产业园为省级园区。

浙江（宁波）人力资源服务产业园。2012 年 9 月，作为浙江省首个省级人力资源服务产业集聚区正式开园。截至目前共入驻机构 23 家，2013 年园区产值 20 亿元，税收 1930 万元，为企业引进年薪 20 万元以上的人才 135 人。力争经过 3 年努力，使园区规模达到 25000 平方米左右，入驻机构达到 60 家、产值 60 亿元、税收 6000 万元，把园区建成为具有国内一流水准的长三角南翼高端人才配置基地、高端人力资源服务采购和供应的重要基地，并积极向国家级产业园区目标迈进。

浙江（北仑）人力资源产业园。于 2012 年底正式开放入驻，截至 2014 年底，已入驻机构 32 家，产值 17 亿元，税收 1600 万元。

另外，还有浙江嘉兴人力资源服务产业园和山东潍坊人力资源服务产业园等。

（三）目前人力资源服务产业集聚区亟待解决的问题

1. 集聚区内本土民营机构有待壮大

随着包括《劳动合同法》在内的一系列劳动法律法规的出台与实施，劳动者的自我维权意识不断增强。随着劳动力成本的不断上涨，如何更好地控制企业人力成本，发挥每个人的潜在价值？随着更多85后、90后加入劳动者大军，对于在新时期新环境下成长起来的一代人，如何帮助他们做更好的职业规划，如何更好地管理与激发他们的积极性？随着更多高级人才通过高级人才寻访等方式进入一个新的平台，企业的人力资源管理部门如何管理这种企业文化与价值观的冲突？随着职业经理人阶层的逐步形成，老板与职业经理人之间的关系如何定位，怎样更好地配合？随着更多具有实力的内资企业开拓全球市场，如何在全球范围内进行人力资源的开发和管理？随着这些新课题的产生而衍生出来的人才评价、组织规范发展、素质模型、员工继任与发展、领导力发展、高端人才寻访服务、网络招聘、人力资源外包、绩效薪酬外包、RPO（Recruitment Process Outsourcing，招聘流程外包）、绩效评估、职业生涯管理，以及基于计云算技术的人力资源服务软件等面向更多层次、更广泛领域的人力资源服务需求正呈增强趋势，这在原有的国有服务体系中是难以得到有效解决的，迫切需要多元供给主体尤其是本土民营机构的活跃参与。

从目前的调研看，集聚区内本土民营服务机构尽管数量众多，个体规模却仍然相当弱小，尽管除了在高端咨询、高端培训、国际化高级人才寻访等领域有瓶颈外，其他领域不断在发展壮大，尤其是派遣、外包、本土化高级人才寻访等业务较有优势，且对中国市场的消费感知、产品研发、市场开拓等都具有外资企业不可比拟的优势，但总体而言，外资比较高端，国有企业相对又有垄断优势，本土民营服务机构仍欠缺产品和商业模式优势，战略资源和网络数据还是薄弱环节。

2. 招商困局有待破解

目前，各地都在兴建人力资源产业集聚区，但优质人力资源服务机构却不多。再加上前述的劳务派遣新规实施，很多以劳务派遣和人力资源外包为主要业务的人力资源服务机构对于扩张和布点都持谨慎观点，而他们恰恰又是招商的重点对象，其他咨询类、高级人才寻访类、领导力类、高端培训等机构辐射半径很大，不需要设立分支机构；另外，不同城市的能级不同，如宁波与苏州、无锡、成都、武汉、杭州等城市比，城市名气不够，外地来浙机构，一般首选杭州，这进一步加剧了不同地区集聚区突破招商困局的难度。

3. 园区管理体制有待理顺

园区运营管理主要包括两方面：一是行业的招商、机构服务和管理；二是物业的管理。两方面的工作是完全让政府相关部门运作，还是完全让市场来操作，部分集聚区在建设过程中存在争议。另外，目前园区生态圈未完全建立，园区内入驻机构成分太单一，基本都是人力资源服务机构，多数业内机构希望有更多的业态入驻。管理体制不清晰，加之有关部门相关宣传与规划工作亟待加强，这些都直接影响到集聚区的做大做强。

三、人力资源服务业集聚发展国内外研究现状述评

（一）产业集聚的经典理论

自学术界研究产业集聚以来，最具影响力和深远意义的，主要有外部经济理论、区位选择理论、新经济地理理论、新竞争优势理论等。

（二）关于知识密集型产业集群的特征归纳

人力资源服务业日趋属于知识密集型行业。现有研究发现，知识密集型产业集群、劳动密集型和资本密集型产业集群有着显著的区别（陆文聪等，2013）：

1. 从集群发展的动力来看，前者主要由企业家能力产生的环境、专业化人力资本、知识溢出效应、资本市场、集群创新和政策等因素主导；后两者则主要由传统贸易理论（包括技术差异、自然资源差异、要素禀赋差异）、新贸易理论（包括规模经济、市场效应）以及新经济地理学（包括市场外部性、交易成本）来解释。

2. 从集群企业内部的员工构成来看，科技人员在知识密集型产业中所占比重较大，即人力资本的质量在此类集群中处于较高水平。

3. 从集群的生产过程来看，前者的生产受到技术保密、转让壁垒和知识产权的保护，难以复制；后两者的生产则很容易被复制，也很容易向社会成本更低的地区转移。

4. 从集群的产出来看，知识密集型产业的产品技术性能复杂，更新换代迅速，产品附加值较高，相当一部分产品以信息的形式存在，而后两者的产品则不然。

四、做大做强人力资源服务产业集聚区的发展思路与建议

根据已有理论研究基础，为更好地探索人力资源服务产业集聚区建设的

发展思路，本研究重点调研了上海人才大厦、中国杭州人力资源服务产业园、浙江（宁波）人力资源服务产业园、浙江（北仑）人力资源产业园、嘉兴市人力资源服务产业园以及筹建中的台州市人力资源服务产业园等产业集聚区，并召集浙江（宁波）人力资源服务产业园、浙江（北仑）人力资源产业园这两个园区内的服务机构，主要以入驻集聚区的企业家、集聚区的管理运营者、政府有关部门、行业协会及其他第三方组织为重点访谈与调研对象，从多主体的视角调研一些具体的问题。

（一）总体发展思路

人力资源服务属于生产性中间服务，从产业研究角度看，与其他产业相比较，还是一个小产业，上下游产业链不长，产业关联度也不高，和金融等产业不可相提并论。建设人力资源服务产业集聚区，不能单纯以行业创造的税收多少作为评价行业效益的依据，应当从建设人才高地的角度来看待这个行业。人力资源服务业在引进人才、促进就业、改善劳动关系等方面具有"四两拨千斤"的重要意义，人力资源服务业的社会效益比经济效益更重要，要从长远的角度、从算大账的角度思考这个行业，才能得到长远发展。

人力资源服务产业集聚区的发展，也不能完全照搬工业企业园区建设的理论和模式，更不能走自我循环发展的道路，必须适应地区经济社会发展的需要，与区域产业布局调整相配套。同时，集聚发展切忌走上"为集聚而集聚"的道路，集聚只是手段而不是目的。走集聚发展的道路，要避免盲目从空间上将一系列看似关联却没有产生协同效应的企业集中到一起。真正的集聚发展，是在地理上集中且有相互关联性的企业、专业化供应商、服务供应商、相关产业的厂商、相关研发机构和相关行业协会等构成的群体在空间上集聚，并形成强劲、持续竞争优势的现象。

（二）相关政策建议

为能成为以上"五个中心"，相关政策建议如下。

1. 扶持壮大本土民营机构

进一步消除对民营中小企业过多、过严的限制，放宽在经营范围、经营方式上的要求，让更多的民营企业参与行业运作，并通过资本运作，诚信体系建设（萧鸣政等，2014），推动业界企业兼并重组，扶持壮大一批在国内具有影响力，以管理咨询、高端培训、人力资源外包等为核心的本土龙头企业。

2. 争取设立总部

研究发现："首先，总部的设立可以拉近企业与需求市场、目标客户群的距离，实现市场需求最大化。这是因为总部有能力负担贴近市场的行政成本，即使这意味着更加高昂的租金和人力资源成本（而非寻求低成本），但总部的品牌形象和信息传播能力，能够降低企业与客户之间的相互搜寻成本，从而大幅提高市场需求。其次，总部的独立运作提高了企业对市场信息的收集和分析能力。通过设立总部，企业内部负责市场情报收集和分析的部门有了进一步专业化发展的行政资源条件，在更加贴近市场信息和专业机构的中心城区运营。这种信息收集和分析能力对于现代大型企业是十分必要的。最后，总部设立带来的决策效率提升能够大幅提高企业的市场竞争力。正是由于总部可以贴近市场，拥有灵敏而专业的信息处理能力，再加上总部可以负担更优质的智力资源成本，因此总部设立能够提升企业的决策效率，跟上千变万化的市场节奏，从而保持企业的竞争力。总部经济不光是企业寻求成本最小化的选择，更是企业寻求市场需求的最大化、经营信息的灵敏化和决策效率化的结果（毛翔宇等，2013）。"

对此，一方面，要扶持培育本土机构，企业的总部一般留在本地；另一方面，引进国内外知名企业的地区总部、省区总部及大区域的总部，这主要需要靠区位优势、政策优势、完整产业链、优质公共服务等几个方面来招引培育。

3. 加大鼓励"走出去"

一个被广泛认可的理论是，中国不同于日本和欧洲国家，本身市场足够大，况且中国市场本身已经足够开放，本土市场的竞争实际上已经具备了国际竞争的特质，所以与其承担国际化"夹生饭"的风险，不如在国内市场深耕细作。但这种战略带来的问题是，由于和跨国公司相比缺乏全球性的角力，本土企业在国内的份额不断增长，但企业的技术实力、管理实力并没有随着产值的扩大而强大起来。众多大企业在本行业做到一定程度之后，由于缺乏产品、技术上的真正竞争力，只好走向多元化发展的路径。这些企业看似越做越大，但核心竞争力反倒越来越弱。随着中国经济转型的压力越来越大，这种发展模式在未来的周期性经济波动中，很容易出现系统性失误从而导致满盘皆输的结果。而"走出去"有助于积累其在国内外市场上的竞争与合作经验，提高企业的国际化运作能力和影响力。

目前，本土行业企业"走出去"的环境日益优化，最典型的就是上海自贸区鼓励企业相关人力资源服务业务的开放和进入。显然，这将加大针对跨国企业的人力资源服务行业中健康保险、背景调查、人才中介、教育培训、健康管理市场的市场竞争，同时也将为人力资源相关服务和国际化合作带来机遇（萧鸣政等，2014）。

因此，在积极引进外资服务机构的同时，应鼓励有国际化经验的本土行业企业扩大海外直接投资规模，丰富海外人力资源服务网络，扩大互利合作空间。机构"走出去"可有两种方式：一是企业发展到一定程度，或者根据客户扩张情况，自己"走出去"，这更多是市场主体行为；二是抱团"走出去"，比如由集聚区或协会牵头，组成一个同盟，同进同出，增强谈判力，共同进入一个陌生市场，这方面政府或者协会可以起部分推动作用。

4. 科学园区管理

园区运营管理主要包括两方面：一是行业的招商、机构服务和管理；二是物业的管理。行业的招商、机构服务和管理，一般来说是由政府相关部门管理比较合适，因为这块基本无利可图，市场化操作比较难。如浙江（宁波）人力资源服务产业园区的招商就是由宁波市江东区人力资源和社会保障局与区招商局牵头，各街道配合的一个整体招商机制，而且将引进机构列入对街道人才考核的内容，成为人才工作的一部分。物业的管理则是市场化操作，如苏州高新区成立了一个专门的物业公司，主要是收租金和物业服务；上海的物业是由市人力资源和社会保障局的资产处管理；浙江（宁波）人力资源服务产业园区的物业是租赁物业，物业管理全部外包；浙江（北仑）人力资源产业园则积极引进行业协会参与管理。

需要指出的是，尽管以后很可能出现更多市场化的方式来开展园区管理，但整体来看，目前人力资源服务产业集聚区运营还没有较好的盈利模式，而且收回周期很长，如果完全市场化，要么变味，要么中途而废，基本很难维系下去，所以前面几年还是需要政府做好引导工作，等集聚区建设进入成熟期，机构纷至沓来达到相当规模时，可以探索通过行业组织市场化运营模式。

第二节 产业需求引导与产业发展空间动力培育

一、需求对拓展产业发展空间的影响

市场需求会很大程度上影响行业发展空间。只要有市场需求，有平均利润，就会有供给。市场需求引导并决定供给，供给的扩大要适应需求的变化。市场需求空间决定了行业总体生产能力，技术创新改变了行业的成本函数，并决定了行业的盈利水平。市场需求空间越大，能够容纳的行业生产能力越大；市场需求空间越小，能够容纳的行业生产能力越小。需求规模对行业发展的这种作用主要体现在获得规模经济、生产迂回程度加强、降低外购交易成本、促进行业规模扩大、改变行业市场结构等方面。

（一）获得规模经济

需求规模扩大带来的市场范围的扩大使得行业供应商能够获得更大的规模经济。当需求规模较小时，人力资源服务一般内置于原组织；而当对人力资源服务的需求规模逐渐扩大时，从组织内独立出来的人力资源服务供给企业将获得专业化生产的规模经济。而且，作为知识密集型服务业，知识的基本特征就是可以以较低的边际成本反复使用，特别是部分已经达到标准化生产的人力资源服务行业产品，其边际成本几乎为零，市场需求规模扩大带来的规模经济远远超过其他行业产品。

（二）生产迂回程度加强

需求规模扩大增加了生产迂回程度，使得分工进一步细化，最终导致人力资源服务业的专业化发展以及整个行业的效率提升。一般而言，对某一行业的需求规模越大，则人力资源服务业发展动力研究，市场可以容纳更加细致的分工，分工水平就越高。一方面使每个人力资源服务机构工作范围越来越窄，因而需要外购更多的其他产品和服务；另一方面则能够通过迂回程度的加强延长产业链，提高生产效率。两方面的共同作用使得需求规模进一步扩大，成为新一轮分工深化的起点。

（三）降低外购交易成本

需求规模的扩大间接降低了制造业企业（或服务业企业）外购人力资源服务的交易成本，进一步加大了对人力资源服务的需求，形成了需求规模扩大和交易成本降低的良性循环。根据科斯的交易成本理论，企业是否会将人力资源服务外包主要取决于本身的生产成本和外购的交易成本，即取决于内置和外购成本的比较。一般来说，人力资源服务内置的企业只为满足自己的需要而生产，而市场中的专业化企业则可以集中许多潜在购买者的需求，因而具有企业内部提供所不具备的专业化经济和规模经济，并且经常性的重复可以提高知识密集型和人力资本密集型服务过程的服务质量；同时，相对于专业的人力资源服务供给企业，将人力资源服务内置的部门不会面临激烈的市场竞争压力，其降低成本和创新的激励比较弱。在需求规模扩大的情况下，这两方面的原因使得外购人力资源服务的交易成本远远低于内置成本，组织对人力资源服务的需求进一步扩大，形成了二者的良性循环，并最终推动人力资源服务业的发展。

（四）促进行业规模扩大

从需求的变化对潜在进入者的影响来看，需求扩张通常会导致行业当中的新企业数量增加。这是因为，当需求出现增长时，潜在进入者更容易调高对进入行业的赢利预期，进入的动机将增强；并且，市场规模越大，一个行业能够容纳的达到最小有效规模的企业数量就会越多，新企业进入之后也更容易存活下来。

（五）改变行业市场结构

需求扩张对行业市场结构的影响在现实当中表现出很大的不确定性，其根源在于当需求增加时，潜在进入者的进入使市场结构趋于分散，但同时也影响市场当中原有企业的行为。需求的增加会刺激市场内的原有企业进行规模扩张，企业会有扩大产量的动力，以获得更多的市场份额和利润。在位企业的扩张产量行为会使得市场结构趋于集中，两种不同方向的力量孰强孰弱，还取决于行业进入壁垒水平的高低。

当进入壁垒较高时，需求增加带来的好处更多地会被在位的大企业分享，新企业很难进入，使市场结构趋向于集中的力量会更明显。而当进入壁垒较低时，需求增加引起的企业数量增长幅度通常较大，如果这种增长发生在很短的时间内，在位的大企业很可能无暇扩张产量，使产业的集中度下降的力量就会更突出（陈艳莹和夏一平，2011）。

（六）结论

总的来说，在需求导向型的市场经济中，消费者需求的改变是行业快速增长并由此带来其比重日益提高的基础原因。大规模的产品需求有助于拓展企业的市场规模，并推动规模报酬递增，企业才有可能凭借这种规模报酬递增获取必要的资源以发展技术能力并拓展价值增值空间。这就是经济学理论中的"市场范围假说"，即只有当对某一产品或服务的需求随着市场范围的扩大增长到一定程度时，专业化的生产者才可能出现和存在，这时市场需求才能够吸纳专业生产者的剩余产品和服务。市场规模既能影响企业的规模报酬递增，也能影响社会分工所能达到的精细程度。

因此，消费者加大对于服务产品的需求会加快人力资源服务业创新产品的流通速度，从而促进人力资源服务业不断发展。并且，人力资源服务业存在着更显著的本地市场效应，这主要是因为该行业的供给方与需求方之间存在很多的互动，提供服务时需要与顾客进行不断的交流与沟通，从而发现问题、解决问题，并对实施方案进行不断地控制和评估、改进。这期间的每个阶段都需要客户的高度参与，将会有大量信息传递费用的产生，企业接近市场，节约信息传递成本，同时可减少远距离信息传输所产生的误差。与此同时，在大市场需求地附近集聚式发展，可以降低客户的搜寻成本，扩大消费群。因此，行业发展空间动力的培育，不仅应考虑要素资源的投入和劳动生产率的提高，也应加强本地市场潜力的开发，扩大内需，扩大市场规模，以吸引相关企业向本地区转移。

二、行业需求不足影响行业发展空间

从调研情况看，目前多数地区对行业产品的需求尚待引导挖掘，以更好地拓展行业发展空间。

（一）民营制造业对人力资源服务高端需求不足

从国际经验来看，制造业对服务需求的增加，或者服务作为制造业中间投入的不断扩大，是生产性服务业包括人力资源服务业发展的直接动力。而不同产业特征的制造业对不同类型生产性服务业的需求强度会有所不同。一般来说，劳动密集型的资源性制造业和低技术制造业对批发和零售贸易业、交通运输仓储和邮政业的需求较大，而技术密集型的中技术制造业和高技术制造业对包括人力资源服务业在内的商务服务业、计算机服务与软件业、金融业的需求较多。

由于目前中国的制造业中劳动密集型和资源密集型的中低技术产品制造业仍占主导地位，物质材料消耗成本比重较大，加之不少民营企业从事人力资源管理的兼职居多，民营企业人才管理成熟度比较低。相比较跨国企业、台资企业按国际惯例运作，对人力资源服务行业理解与合作很深，民营企业对人力资源服务业了解不多，对人力资源服务产品接受度不高，企业对行业最大的需求集中在招聘及劳务派遣，对高级人才寻访、人力资源管理咨询等行业高端需求不大，有的虽认为行业高端服务外包这一趋势值得重视，但思想上还是认为一段时期内根本不需要。另外，不少民营企业不按规则谈服务或用工不规范，很多外地优秀机构觉得与民营企业不好沟通，生意不好做，不愿承接其相关业务或设点意愿不高；如此导致行业高端服务需求空间受限，行业整体产业链格局无法实现有效提升，尚未形成对人力资源服务高端需求的强劲拉动，影响行业发展空间。

（二）政府人力资源公共服务需求尚待继续突破

实践证明，政府没有必要也不应当完全垄断公共产品的生产。事实上，除少数带有纯公共产品性质的公共产品（如制度供给）需由政府直接提供外，大多数的公共产品应在政府的规划、引导、监督下由民间通过市场间接提供。政府可以通过引入市场竞争机制，让更多的社会组织参与提供公共服务，这已经成为世界范围内公认的发展趋势。美国、欧盟、日本等发达国家和地区政府通过契约化、民营化等形式，把公共服务的生产交由市场和社会力量来承担，通过鼓励私人投资和经营公共服务行业，引入市场竞争机制，提高公共服务水平和效率，以求节约成本，提高服务效率，满足公众的多元需求。

当前，为了有效缓解不断扩大的社会需求，以及公共服务开支的急速膨胀与政府服务低效之间的矛盾，中国正通过大力推广政府购买服务，鼓励和支持社会组织参与公共服务供给，适合由社会组织提供的公共服务可以交由社会组织承担，建立公共服务的多元供给模式。党的十八届三中全会提出，推广政府购买服务，凡属事务性管理服务，原则上都要引入竞争机制，通过合同、委托等方式向社会购买。2013年9月，国务院办公厅出台的《关于政府向社会力量购买服务的指导意见》，也对购买内容作了概括性描述，即适合采取市场化方式提供，社会力量能够承担的公共服务。各地应结合当地经济社会发展状况和人民群众的实际需求，准确把握社会公共服务需求，不断创新和完善供给模式，有序引导社会力量参与，逐渐让"买服务"流行起来，把"买服务"推广开来。这其中，就应包括人力资源公共服务的政府采购。

人力资源公共服务是指为广大人力资源和企业提供的一系列公共服务，主要包括人事代理、社会保险代理、企业用工登记、劳动人事争议调解仲裁、人事档案管理、人力资源流动配置、就业服务、人力资源信息发布、留学人员管理、职称评定、人事考试、自主择业军转干部管理等。对此，萧鸣政等（2012）曾建议"政府部门的人力资源事务，特别是一些阶段性的高端需求、事务性的低端工作，就可采取服务外包的方式，委托给专业人力资源服务机构来完成"。杨延娇（2010）研究指出："人力资源公共服务组织将大中专毕业生就业指导、公益性就业培训等公共服务委托给市场化服务组织承办是一种有效合作。"还有不少学者也赞同政府人力资源管理外包具备一定的理论依据，能够提升政府的核心竞争力。

从实践情况来看，西方发达国家已经将政府私营化的改革提上了日程，政府人力资源管理外包也日益兴盛，近年来，国内经济较发达地区已不断扩大人力资源公共服务政府采购的项目，相关项目逐渐拓展到人才选拔、人才测评、绩效考核、薪酬福利设计等全套服务体系，主营业务从招聘、派遣服务外包等逐渐发展到员工培训、人力资源管理咨询和中高端高级人才寻访等。例如江苏苏州、靖江和山东济宁等地将领导干部选拔、聘任制公务员选拔工作外包给高级人才寻访服务公司。培训外包，主要表现为将公务员、干部等的教育培训委托给高校等，采取授课、专题讲座等方式对他们进行教育和培训；另外，还有高技能人才培训、报关员培训、物流及相关专业高校毕业生培训、优秀中青年干部培训等。以高技能人才培训为例，浙江省宁波市每年确定若干个适应该市主导产业发展需要的职业培训项目,采取政府补贴为主,企业、个人适当负担的方式,在全市范围内选拔一批业绩突出、具有相当文化素质的企业优秀青年工人,接受对口专业高新技术培训。绩效考核外包,例如武汉市将绩效考核新方案的制订外包给麦肯锡集团,甘肃、厦门、辽宁本溪等将绩效评估外包给第三方。工资发放外包,主要是将政府部门的工资发放委托给国有商业银行,统一定时、定点发放工资。

通过实施政府采购机制,激发了众多行业机构服务人力资源促进发展的社会动力,提升了人力资源公共服务的多样性、灵活性、针对性,营造了良好的人力资源服务业发展环境;同时,有效解决了政府资源限制和提升公共服务效能这一矛盾冲突,加强和创新了政府管理的运行机制和管理方式,把政府从众多的人力资源和企业服务等繁杂事务中解脱出来,更好地把心思放在从面上着力改善、引导和监管人力资源公共服务机构,从而使政府真正成为效能型政府和服务型政府。

然而,在经济较发达地区的实践中也发现两大亟待解决的问题:一是政府采购的效益评估不够,采购成本和收益不等。人力资源公共服务政府采购机制缺乏专业化的评估体系,由社会提供的人力资源公共服务评估办法主要是通过工作汇报、领导视察、查看运营资料等形式,缺少对服务质量、服务成效以及服务对象满意度等的专业化评估,也缺乏第三方专业评估机构。二是政府采购的程序标准不一,不利于采购的透明化。一方面,由于高层次服务机构匮乏,导致目前人力资源公共服务政府采购主要采取指定而非公开招标的形式,不利于组织的市场化培育,也容易滋生腐败;另一方面,人力资源公共服务政府采购的程序有待规范。政府的采购程序和服务监管存在一定程度的随意性,哪些服务项目应该采购、服务标准如何量化等,自由裁量度比较大。在招标过程和提供公共服务过程中,容易产生权力"寻租",滋生腐败。这些问题不解决,政府人力资源公共服务需求就很难得到进一步的突破。

三、引导行业服务需求,拓展行业发展空间的思考

(一)引导民营制造企业需求

依托制造业发展的良好产业基础,围绕打造先进制造业基地与建设智慧城市,积极对接除了已有的金融、保险、文化创意等行业,重点加强与物流、外贸、制造等行业的人才供需对接。借助高层次人才洽谈会、科技人才周、企业家培训等活动载体,通过教育,培训,舆论宣传,增进二、三产业人才学习交流等多种途径,加强人力资源服务机构推介宣传;并通过有效采取报

纸专版、电台专项、电视台专题、杂志专刊、网络专页等各种方法，贯彻和宣传相关文件精神，帮助制造企业系统了解人力资源服务业发展相关政策和操作实务；在此基础上，通过推进人力资源服务业与其他产业的深度融合发展，进一步增强更多民营制造企业对行业发展重要性和紧迫性的认识，更加重视、关心行业发展；通过引导服务机构与需求企业就高级人才寻访、人力资源管理咨询、人力资源服务外包、人力资源培训等业务进行有效沟通和对接，从而不断扩大行业发展所需要的市场空间。

（二）引导突破政府人力资源公共服务需求

研究指出，围绕着人力资源管理的传统流程，公共部门人力资源服务的需求主要集中在公共部门的战略人才规划、雇员招聘体系的创建和完善、招聘的外部监督、职位说明书、雇员绩效考核体系的建立、薪酬激励体系的建立、雇员培训和学习计划的实施等。与传统的企业人力资源管理相比，其价值取向是政治优先性、社会公平性。例如公共权力的特性决定了其必须面向社会，对公众负责，接受公众的监督。其程序、规范及相应的结果都必须是公开和公正的。

因此，必须充分考虑如何整合公共部门特有资源，发挥其特殊的制度和职能模式，创新地服务于其个性化的需求。

第六章 人力资源服务产业发展与产业治理机制创新动力培育

第一节 标准化建设与产业治理机制创新动力培育

一、产业标准化建设现状

（一）宏观层面的建设

1. 国际一级

国际私营就业机构联合会制定了全体成员一致同意并共同遵守的行为准则。行为准则的主要内容包括私营就业机构必须遵守的十项行为规则。国际私营就业机构联合会要求会员必须遵守联合会的行为准则，各国的准则要体现国际私营就业机构联合会准则的精神，并鼓励他们的标准可以高于联合会的基本标准范围。

2. 国外

有的国家在法律、法规中做出了相应规定，比如澳大利亚昆士兰州制定了《私营就业机构行为准则条例》；英国制定了《职业中介行为规范》。爱尔兰则规定严格遵守行为准则的要求是获得经营许可证的前提条件。更多的国家还通过 ISO9000 质量管理认证体系，加强人力资源服务业标准化建设，比如美国凯利猎头公司获得了 ISO9000 和 1SO9002 认证，关注重点是顾客满意度。

3. 国内

2007 年，全国人才服务标准化技术委员会成立，标志着中国人力资源服务业的标准化建设的开始。2008 年 7 月 31 日，人力资源和社会保障部宣布推动人力资源服务标准化建设，把组织开展有关流动人员人事档案管理、现场招聘会等服务业务标准制定和推广工作作为新部组建后的重点工作，且已逐步开展。

（二）微观层面的建设

1.国外

企业内部制定行为规范已成为业内的普遍做法。比较有代表性的有：

（1）人力资源咨询公司韬睿惠悦

在其内部《员工行为准则》中规定每个员工都必须通过行为准则的考试，以保证在服务全过程中的诚信正直。

（2）万宝盛华集团

1991年在其全部分支机构开展ISO9000认证，并制定了《商业行为和道德准则》，要求员工按最高道德标准开展业务，及时举报违反道德准则的行为，并且决不容许对诚实举报行为进行打击报复。集团不允许公司任何人发起、参与、批准或纵容任何违反反垄断法或竞争法的行为，管理人员不仅要对自己的行为负责，还要对其团队的行为负责。集团承诺遵循商业道德原则，进行公平竞争。集团将尽力在演示、与客户讨论、广告、促销材料和公告中提供准确可信的产品信息和服务信息。当应邀与竞争对手进行比较时，将公正地提供信息。作为在全球人力市场领先的跨国公司，集团竭力遵守适用于人力资源跨国流动和其他商业活动的所有法律；遵守所有国际劳工法和当地的移民法律法规，了解在东道国工作需持有效工作许可的重要性；遵守签证和工作许可规定的条款，以及东道国的其他法律。

（3）美国ADP公司

制定了《员工道德规范》和《管理层及高级财务人员道德规范》。《员工道德规范》要求ADP每一位员工，无论身处何地，处理问题时必须坚持诚实和正直，不做任何妥协。商业道德和人品道德没有区别，两方面都必须保持高标准。作为ADP的员工，无论当地是什么样的风俗，都应坚持最高的道德标准。雇员不得接收、使用或发布来自竞争对手的机密信息。若是获得了竞争性的信息，雇员不得侵犯竞争对手的权利等。公司《管理层及高级财务人员道德规范》要求任何忽视或违反ADP道德标准，或者任何经理由于下属维护这些道德标准而惩罚下属，都将被要求严厉整改，包括立即解雇。

（4）德科集团

该企业的行为规范把日常工作所涉及的相关法律分为以下几类：第一类是就业方面的法律和法规，如劳动法，社会保险法，移民法；第二类是信息方面的法律和法规，如数据保密，知识产权等；第三类是业务规范方面，如公平竞争等；第四类是财务方面，如财务报告，内部信息，反对贿赂等。除了这些法律规定，德科集团还有自己的内部政策，而且在此基础上各办事处和分支机构还有自己地区一级的内部政策，这些对所有德科员工都具有约束力。德科集团全体员工都要按照德科集团的核心价值观、法律和集团内部政策的规定来规范自己的行为。如果员工认为一位同事没有依法办事，或者没有遵守集团的行为准则或内部政策，必须采取行动。员工有义务马上阻止、纠正其行为或进行报告。如果通过上述步骤问题仍未得到解决，可以联系集团纪律办公室，由集团纪律办公室阻止违反法律或不道德的行为，并在它发生时进行跟踪。员工可以通过访问集团纪律和道德行为网站或者在线报告，也可以在任何时候拨打集团纪律和道德行为热线。电话和网站都由独立的公司运作，每天 24 小时，每周 7 天都处于工作状态，他们的工作还包括翻译服务。集团规定，任何根据行为规范对违法行为进行的举报都是正确的，集团决不允许对举报人打击报复，集团将会对打击报复行为进行调查并采取恰当的行动。

2. 国内

近年来，国内一些业内企业也开始重视行业标准化与自律方面的工作。比较突出的是成立于 2005 年 3 月，注册资金 1000 万元，总部位于宁波江北的宁波市众信人力资源服务有限公司。该公司作为国内最早开展派遣业务的专业公司之一，从 2007 年起建立公司质量管理体系，探索推进人力资源行业的 TQC，并确立以总经理为质量第一责任人，专门负责服务质量管控部门，建立完善的售后服务系统，配备专职人员，定期不定期开展客户回访。

二、行业标准化建设亟待解决的问题

1. 全国性标准出台量太少，尤其是涉及核心业务的标准没有出台
2. 地方性的标准化工作起步较慢，探索不多
3. 标准执行的约束力亟待加强

三、进一步加强行业标准化建设的思路与对策

为了规范行业服务行为，提高服务质量和提升服务水平，有必要加快人力资源服务业标准制定，推进标准贯彻实施，扩大标准覆盖范围，进而逐步提升人力资源服务业国际标准化的"话语权"。

（一）明确基本思想

服务标准体系构建应以质量为核心、以机构评级为抓手、以业务为主线，

规范行业管理、保障公共服务、促进行业发展。其中，涉及人力资源权益但又受经济社会环境变化影响、政策性强的服务应当以部门规章形式颁布标准；涉及公益性、保障性、基础性的服务应当以国家标准形式颁布；涉及业务且不宜全国统一的服务，应当以行业或地方标准颁布。

同时，考虑到目前服务提供商采用 ISO 体系的较多，作为人力资源服务业的服务标准体系也应当以 GB/T24620-2009 为主，在理清业务边界基础上，由利益相关者为主导加以制定。

（二）加快探索地方性的标准化建设工作

目前，天津市人力社保局积极组织编制相关地方标准，建立与国家标准相配套、符合天津人力资源服务行业发展的地方标准体系；在网络招聘、人才派遣、人事代理、人才测评、人力资源管理咨询、人才培训、人力资源外包、高级人才寻访服务八个方面建立专项产品标准和服务标准，形成更加规范的行业标准；鼓励龙头企业自主制定企业标准、服务规范。

江苏省正加快制定地方标准，力争到 2015 年研究制定人力资源派遣、人才测评、高级人才访聘、人力资源服务外包、人力资源管理咨询、网络招聘、流动人员人事档案管理 7 项人力资源服务产品地方标准，建设 15 个省级人力资源服务业标准化示范基地。

基于此，建议协同行业协会先重点讨论完善调研反映比较集中的外包服务、高级人才寻访这两个子行业标准，然后以点带面推进行业地方标准的全面实施。过程中既要与国际劳工组织、国际标准化组织和发达国家相关标准化组织建立联系，了解国外人力资源服务标准最新工作动态和理论成果，同时还要鼓励民营服务机构、各类从业人员参与标准化体系建设，充分吸纳行业的利益诉求和目标期望，并且与国家现代服务业发展整体规划相吻合，以加速人力资源服务机构等级、服务产品、服务行为、服务程序等标准的制定、实施与推广进程。对暂不具备标准化的服务产品，则推行服务承诺、服务公约和服务规范等制度。

另一方面，服务机构应加强规范与自律。借鉴国外的做法，鼓励企业通过国际标准化管理组织的质量管理体系认证的方式，采用系统的方法优化整个服务流程，实现服务流程标准化，从而提高服务效率，保证服务质量。

第二节 协会建设与产业治理机制创新动力培育

一、行业协会的定义

中国的现代行业协会因其职能的扩大导致其定义从不同的角度分析会有不同的重点，因而并未有统一的认识。因此，如何理解行业协会这一概念，也存在不同的看法。

二、产业协会的角色和职能

产业协会在某些情形下可以弥补或克服市场失灵及政府失灵所导致的治理缺陷。市场机制依靠"无形之手"来实现资源的优化配置，调节商品和要素的供求，是经济治理的一种重要机制。但实际运行中，市场机制会因为信息不对称或不完备、垄断和（负的）外部性而失灵。其中，因外部性而导致的公共品供给不足是市场机制的一个重要缺陷。

政府通过强制性手段，如立法、管制和征税等，来纠正信息不对称，遏制垄断和提供公共品，但也会因难以加总社会个体意见、政府决策者的寻租活动或政府行政机构的低效率等原因而失灵。

行业协会是一种非市场形式的组织结构，从交易成本理论的角度看，这种治理机制相对于市场和政府的比较优势是节省交易成本。行业协会以协会内部的监督、管理成本，代替企业间经常反复出现的谈判、签约以及履约的交易费用，是介于市场主体（企业）和政府之间的组织。相对于企业而言，行业协会可更有效地协调企业的集体行动，更好地克服市场所导致的外部性问题，提供行业性准公共品；相对于政府而言，行业协会更贴近市场，更了解行业、企业和市场信息，其决策和运行更容易被会员企业监督。

在经济转型国家中，行业协会同时扮演两种不同的角色和功能—经济功能和政治功能。经济功能，比如降低交易费用，提高契约实施的有效性，提供和分享经济信息，以及为会员企业提供基本的公共物品等是目前经济转型国家行业协会最重要的功能；相对于经济功能而言，行业协会的政治功能较薄弱，仅有少数国家行业协会可以通过一定的渠道影响公共政策和公共物品的提供，发挥政治游说的功能；部分国家行业协会则承担起保护和防御性的政治功能；部分国家行业协会依然是政府或者政党的附庸。

在中国，长期以来，行业协会的职能定位上多偏重利益中介和行业公共品供给。随着行业协会的发展壮大，法律环境的宽松，在全面深化市场化改革的新时代，行业协会在社会经济中的作用正不断增强，各项职能也在不断扩展，将逐步实现职能转型，构建以服务会员为核心职能的职能体系。

三、充分发挥行业协会作用，改进行业治理亟待解决的问题

人力资源服务业充分发展的发达国家或地区通常非常注重发挥行业协会的作用。目前，国际私营就业机构联合会是人力资源服务业国际一级的行业组织。为了更好地代表会员的利益，它始终与国际劳工组织、欧盟、经合组织等保持着密切的联系，积极参与国际劳工标准的制定工作并充分体现会员的呼声，对劳工组织制定与私营就业机构有关的国际劳工公约产生了重要和深刻的影响。

在美国、日本、英国等发达国家人力资源服务业的发展过程中，行业协会对加强和完善行业市场的管理起了很大的作用，而且注重细分行业协会领域，打造对行业企业有高度约束力的行业协会，有力促进了行业的市场化、标准化、规范化发展。如美国于 1959 年专门成立的美国猎头协会（AESC），现已成为全球性的行业协会，拥有全球 200 家专业型猎头公司和 3000 名专业人才，定期规范猎头公司行为，主持制定了《猎头行业工作准则与道德规范》《行为规范》《规范化执业指南》。这些准则、规范、指南已成为猎头行业的"圣经"，代表业内的行事原则与最佳做法，为人力资源服务业有序、可持续发展提供了良好的市场准则。美国人才协会作为代表美国人力资源派遣行业的贸易协会，通过制定《道德和从业准则》，鼓励和规范会员企业在处理与雇员、客户和竞争者之间的关系时，应采取符合高标准的道德要求的行为，有效促进了灵活的就业机会和确保人力资源派遣服务质量。

但与先进服务行业协会已充分发挥"服务、自律、代表、协调"职能，通过制定行规行约、行业服务标准，加强行业内部监督的功能相比，还有相当部分协会与业务主管部门之间的关系还未达到"合作伙伴"的程度，除了"人员独立、资金独立、运作独立"尚未完全实现外，还面临代表性有待进一步增强、经费进一步充实和专家资源进一步优化配置等问题，关于一些行业服务标准的制定、为企业提供相关服务、规范行业发展的功能尚待进一步增强。

第三节 区域开放合作与产业治理机制创新动力培育

一、加强区域开放合作对于改进行业治理的价值体现

行业区域开放合作是生产力社会化和地区分工发展的必然结果，是改进行业治理的内在要求，在推进人力资源服务业发展中发挥着十分重要的作用。

（一）充实治理资源

任何一个区域或组织都不可能拥有自身发展所需要的全部资源和要素。要提升治理水平与能力，满足日益增长的行业发展需求，就必须突破自我空间的封闭循环，加强对外开放与合作。通过开放合作，突破行政地域和个体条件的治理限制，实现区域间该行业治理所需基础设施的互联互通、市场体系的互接互动；在更大范围内利用和配置治理资源与要素的过程中，放大自身权利，最终增强治理能力。

（二）促进治理分工

行政主导、自我封闭的经济运行模式，必然要走"万事不求人"的建设道路，因而必然会形成"大而全、小而全"的发展格局，也必然会造成地区间该行业发展业态同构，相互间对资源要素的激烈争夺或恶性竞争，导致治理矛盾。推进区域开放合作有利于确立和发挥各地区的比较优势，推动构建跨行政区的利益协调机制，促进治理分工实现区域间行业治理重大问题的及时协调与解决，能够最大限度地减少恶性竞争、实现利益共享、提升总体效益。

二、行业区域开放合作中亟待改进的具体表现

（一）许可证制度不一，影响行业统一治理

目前对人力资源经营实行的是地方性的许可证制度，如上海实行的是人力资源服务业中介员资格证，浙江中心城市实行的则是人力资源服务业从业人员资格证，培训认证的内容、标准不一。而在浙江省内部，在宁波市获得的人力资源服务业从业人员资格证必须要经省人力资源和社会保障厅认可或参加省里组织的培训班，才能被省内其他地区认可，其他城市也是如此。并

且省内各地区相关培训认证的内容、标准也不统一。人力资源市场严重的地方割据不利于有效的行业统一治理，影响了企业规模的扩大和行业发展的集聚。

（二）招商项目竞争，影响行业治理分工

目前，行业招商区域性竞争明显存在，比如同处宁波的八骏湾园区和北仑园区之间存在竞争；浙江省内的宁波和杭州之间存在竞争；长三角二三线城市的杭州、苏州、宁波之间也存在竞争。因为人力资源服务行业辐射面比较广，在一个二三线城市设立机构后，在其他城市往往就不再设机构了；加之一直以来，基于江苏经济主要以外源型经济为主，资本密集型产业和技术密集型产业发展较快，与上海的产业结构关联度较高，而浙江经济主要以内源型经济为主，民营经济和劳动密集型产业优势明显，与上海产业结构具有较大的差异，这导致江苏与上海的联动要远高于浙江，使得如何协调不同区域之间的招商利益、做好行业招商项目、促进行业治理分工，成为值得注意的问题。

三、区域开放合作相关研究述评

（一）市场分割理论

1. 市场分割的弊端

市场分割的弊端主要是引起市场运行机制扭曲，造成市场信号失真，使社会资源无法实现最优配置，也不利于各地小市场形成一体化的大市场，也就是形成规模经济。然而市场分割也有其积极一面，市场分割通过促进各地之间的竞争，进而促进效率的提高，如陆铭等实证了适度分割有利于经济增长，并且对于开放程度越高的地区，市场分割越有利于当地的经济增长；李善同等也认为地方政府的保护一定程度上收到一些实效，甚至在一定程度上促进了国民经济的高速发展，但从长远来看，不利于经济发展。可见，认为市场分割有好处主要是从局部和地方来考虑，而没有从整体福利来看。如果从整体福利加总来看，并不能得出市场分割有利于总体经济增长的结论。

2. 市场分割的成因

消除市场分割的消极影响，首先要搞清楚市场分割形成的机理。已有文献主要从三方面分析市场分割形成的机理，即财政激励、晋升激励和分工激励（皮建才，2008）。20 世纪 80 年代以来的行政性分权和财政包干制度实施以来，各地方政府为了自身的财政和经济利益，对本地的资源和市场进行保护，以便当地企业进入某一行业，从而增加当地的税收和财政收入，这种政府行为是由财政和经济激励导致市场分割形成的。

然而，财政和经济激励不能完全解释地方政府行为。当经济发展到一定程度，需要地方政府之间进行合作、形成连接的市场时，并没有出现地方政府之间坐到一起研究彼此间的协调发展的情况（周黎安，2004）。于是，学者们开始从地方政府之间晋升激励的角度进行分析，周黎安（2004）认为，由于现行的官员晋升制度是根源于"基于相对绩效的考核制度"，即通过竞争选拔优胜者并以相对次序决定最终胜负，导致地方官员缺乏进行经济合作的动力机制。

还有学者从分工激励的角度进行分析。如果落后地区和发达地区都开放本地市场，同时参与分工，那么落后地区由于处于劣势通常只能分到少量的生产份额或者是低端的生产类型。为此，落后地区的地方政府就会采取策略性分工，在初期为了保护本地市场不受侵害，而不与发达地区进行分工，以便后期抢占一个更好的议价位置。

总的来说，以上分析市场分割形成的三方面原因，可以归结为都是地方政府间的竞争行为。正是由于地方政府间存在竞争关系，出于从自身利益最大化考虑，产生了地方政府间的财政和经济激励、晋升激励和分工激励。落后地区往往在基础设施、经济实力、产业发展效率和竞争力等方面都弱于发达地区，在与发达地区竞争时处于劣势，因此落后地区就倾向于保护本地市场。根据新经济地理学理论，如果在市场一体化程度高、经济资源充分流动的情况下，经济会自发产生集聚效益，经济发达地区会吸引落后地区的经济资源和发展机会，形成核心—外围结构，而使落后地区变得更加落后。为此，落后地区有保护当地市场的意愿，不愿意促进市场一体化。

对于发达地区来说，通过整合落后地区市场可以扩大市场规模，但是由于整合落后地区市场存在整合成本，导致发达地区对落后地区的市场整合度随着落后地区的经济收益高而上升，随着发达地区经济收益高而下降，与发达地区和落后地区之间的经济差距呈反向关系，即发达地区和落后地区的经济差距越大，发达地区对落后地区的市场整合的程度越小。由此可见，如果地区间经济发展差距大的话，无论是发达地区还是落后地区，都会出于自身利益考虑而不愿意进行合作并整合市场，从而不利于地区之间开放各自市场、形成统一大市场。

3. 市场分割的影响因素

除了从理论上分析中国地方市场分割形成的原因之外，还有一些实证研究市场分割的影响因素。桂琦寒等（2006）从对外开放程度、政府干预经济方面考察了它们对市场一体化的影响，并认为鼓励对外开放，推进非国有化进程，是推进市场一体化的主要措施。另外，他们还考察了区间的技术差距和省际的距离等因素对市场一体化的影响。范爱军等（2007）也从对外开放和政府干预两方面选取变量，考察其对市场一体化的影响。

（二）区域经济合作影响因素

1.以行政区单元为主的管理运行模式没有根本改变

现行财税、投融资、政绩考核等关键体制的缺陷未能有效消除，形成地区封锁、市场分割的体制基础还比较坚实，不利于区域合作在关键性领域展开并取得实质性成效。

2.区域合作的法制环境仍不健全

推进区域合作和促进一体化发展的法规体系不够完善，而破除地区保护、行业垄断和市场封锁的法律法规的实施一方面受到外部环境不完善的制约，另一方面受到自身不够系统和具体的影响。

3.组织与队伍的欠缺

区域合作组织隶属关系、职责权力等不统一的状况未能完全解决，直接把握的协调手段还比较短缺，队伍的整体素质有待进一步提升。

（三）国内外区域经济合作协调机制借鉴

1.欧盟的区域协调机制

欧盟的区域协调机制是在缩小欧盟区域内各地区发展不平衡，保证各成员国和地区间的协调发展和欧盟的共同生存发展这一目标基础上逐渐完善的，主要包括六个方面的内容。

（1）设置了负责区域政策运行的专门机构，即欧盟委员会、欧洲理事会和欧洲议会中心，并下设负责欧盟整个区域协调发展的专门职能机构和顾问机构，统一协调欧盟经济社会发展；

（2）确定了欧盟区域政策的实现形式，包括政府援助、公共支出、政府补贴和反向激励等；

（3）对需要援助的地区进行界定，并对其提供援助；

（4）制定了地区失调标准，并由欧盟统一协调各成员国的区域发展政策；

（5）将欧洲发展基金、欧洲社会基金和欧洲农业保证与指导基金的指导部分和聚合基金合并，形成结构基金，对落后地区进行援助；

（6）统一了货币——欧元，建立起欧洲经济和货币同盟，对欧洲一体化产生巨大的推动作用。

2. 美国的区域协调机制

美国的区域协调模式较多，例如区域间服务契约、区域政府联盟、城市联邦制、市县合作制等。这些模式均有一个共同特点，即美国政府一直倡导通过合作解决问题，依照法律和合作需求来选取协调模式，开展政府间的合作协调，同时辅以民间区域协调组织进行推动。

公共管理局是美国最为常见的一种政府协调机构，它是由州政府设立的一个独立、专业且具有完备政府功能的组织，主要功能是提供区域或大都市共同需要的服务，如公共基础设施建设、交通运输、污染控制等，有效缓解了地方政府的财政困难，分散了区内政府共同面对问题所需的成本，保障了区域内共同利益的获得。

民间区域协调组织主要是与政府的正式协调组织相配合的区域规划协会、区域经济发展委员会等，其成员主要由各州、市的政府官员、公司代表和规划专业人员等组成，他们围绕区域发展的共同需要进行沟通协调，为整个区域的发展提供咨询和策划。如区域规划协会就是为了大都市圈内的经济、社会整合而成立的非营利性的区域规划组织，这种组织主要针对涉及大都市圈的长远发展的战略性问题，制定跨越行政界限的综合规划。以纽约大都市圈的区域规划协会为例，自1921年以来，已进行过三次大范围的区域规划，借用政府和公众之力，在大区域内实现资源优化配置，达到帕累托最优。当然最初主要进行的是经济规划，后来扩展到其他公共事务领域，最终达到整个大都市圈的行政、经济一体化。

另外，引入市场型协调机制。在政府管理和协调中引入市场协调机制，是美国政府协调机制的创新。各个城市政府签订合约后，权责明确，既解决了资金问题，又避免了"搭便车"的现象。

3. 长江三角洲的区域协调机制

长江三角洲是中国城镇最密集、城市化水平最高的地区之一。为了解决行政区划带来的条块分割和恶性竞争问题，长江三角洲探索出了"3层次+1制度"的政府协调模式和治理体系。所谓的"3层次"是指长三角地区从省到市再到各市的政府部门的三个层次的联席会议。长三角地区每年召开一次副省（市）长级别的"沪苏浙经济合作与发展座谈会"，商讨三省市的区域规划及合作意向，这是最高级的联席会议；同时，长三角每年还会举行一次市长级别的"长江三角洲城市经济协调会"，来落实省级联席会议作出的决议，这是中级联席会议；第三个层面的联席会议是各城市具体政府部门之间的协调会，各城市的交通、环保、旅游、金融等部门针对具体领域的合作进行协调。

所谓"1制度"是指"专项合作制度"。有些区域性公共问题，如跨市的基础设施建设、环境治理等依靠单个城市难以解决，通过"专项合作制度"针对具体的问题成立专题组解决这些跨区域问题。这种组织方式的灵活性和实用性都很强。当一个跨区域问题出现时，就成立一个关联专项组解决此问题；当问题得到解决后，该专项组就会解散。由于区域一体化进程中不可避免地会出现需要不同城市合作才能解决的区域性公共问题，因此这种"专项合作制度"得到了广泛运用。

4. 泛珠三角区的区域协调机制

泛珠三角区内各地区的发展差距较大，既包括经济高度国际化和市场化的港澳地区和珠三角地区，又包括市场化程度较低、经济比较落后的西南地区，区内经济发展水平、市场发育程度高低不一。其区域合作的协调机制主要以市场为基础，各地因为发展需要而自发形成，主要包括四个方面。一是建立由内地的省长、自治区主席和港澳行政首长所组成的行政首长联席会议制度，主要负责决定区域合作规划，协商区域合作的重大事项。二是建立政府秘书长协调制度，港澳也派相应人员参加，主要职能为协调合作事项的具体进展、编制合作的专题计划。三是成立日常工作办公室，主要负责区域合作中的各项日常工作。四是建立部门衔接落实制度，主要负责对具体合作项目和相关事宜提出工作措施，制订合作协议并推动落实。

（四）几点结论与启示

1. 政府角色的定位

从市场分割理论、区域经济合作影响因素及国内外区域经济合作协调机制案例来看，由于欧美国家市场经济相对比较发达，政府对市场很少干预，即使干预也多使用经济或法律手段，而不使用投资手段，因此区域内政府间的协调多集中在基础设施建设、金融、法律等领域，政府协调机制能完成政策、规则的对接就可以了，政府的职能比较容易界定。中国的市场经济发展起步不久，市场与政府的职能互有交叉，加之政府经常通过投资手段干预经济，因此，国内的政府协调机制在实现政策、规则的对接的同时，还要协调政府的投资，否则政府协调机制效果甚微。随着中国市场经济的发展，相信这一现状会有所改善。但单纯依靠市场的自发发展，这一过程将会变得极其缓慢。因此政府应明确服务市场的职能，破除市场分割的阻碍，创造公平的市场竞争环境，为经济发展服务。

2. 区域开放合作的动力构成

综上可归纳出区域内部政府之间的合作动力源泉主要有两个：一是源于不同行政主体间共同利益与共性需要的需求拉动力量；二是源于落实中央政

府政治愿望、形成长久战略合作关系的政治推动力量。而最主要动力应来自经济力量，特别是市场力量，其关键在于在进行经济结构调整和应对国际竞争挑战中，各种利益主体有了越来越多的共同利益和共性需求，增强了合作的内在动力。当合作不仅在政治上需要，在经济上也具有明显合理性时，相互融合就成为自发的事情。政府由此推波助澜，从制度与环境层面清理屏障、疏通道路。显然，根植于市场力量的合作意愿，是驱动行业开放合作健康发展的根本动力，这也正是大部分服务机构提出必须加强行业开放合作的根本动力。

四、推动行业区域开放合作，改进行业治理的着力点

首先，应不断发挥区域经济发展过程中市场机制的作用，通过市场化资源获取和配置，有力地促进区域生产要素的流动与优化组合；继之，通过创新相关保障机制、激励机制与约束机制加以进一步落实。

（一）创新行业区域开放合作的保障机制

1.引入多元协商主体

在跨区域协作过程中，需要各利益相关者对影响他们切身利益的跨区域公共服务的政策、战略规划和目标积极参与，建立多元的协商主体才能激励利益相关者的积极性。协商主体应该包括地方政府、地方政府各相关部门及其工作人员、行业相关企业代表、行业协会等。

2.构建多层次协商机构

借鉴国内外协调机制的先进经验，区域组织协商机构的构建可从三方面考虑。一是设立人力资源服务业发展促进协调会。由区域内各城市人事主管部门负责人担任轮值主席，每年召开一次，负责讨论确定年度推进计划及其他重大事宜和重大项目的协调，并制定重要协调政策，签署相关约束性文件。二是设立综合协调办公室。负责日常事务和经常性交流工作，办公室设在当地人事主管部门，总体负责会议内容的实施、督查和协调，并建立相应的工作制度和程序。将若干相邻节点市、县之间的区域性事务，纳入协调会办公室经常性协调工作。三是建立企业联席会议制度。可由区域内的企业家联谊会牵头，组织企业开展互相考察学习、洽谈项目、联合办展等活动，逐步推动企业融合发展，从而构建区域性大企业集团，在共创商机、资助扶持、产品策划宣传、解决矛盾纠纷等方面发挥积极作用。

3.完善区域立法协调机制

完善区域一体化发展，离不开法律的支撑；同样区域政府协调体制的构

建也离不开法律的保障；关于促进区域一体化的各种合作框架、协议、政府的职能和权利最终需要以法律的形式进行固定。区域立法协调机制的构建包含两个含义：一是制定适用于本区域的区域法，因为仅靠领导对话、磋商并不能真正解决区域内不同利益群体的冲突，行政协调需要区域法支撑；二是设立专门的立法协调机构对区域内地方性法规的制定进行协调，确保区域立法内容不冲突以及立法资源的共享，以顺应政府协调机制发展的趋势。

4. 设计可执行的协商协议

协商协议的可执行性既是对协商的检验，又是下一步合作工作顺利进行的基础。建立以各方利益为基础的协商，按照互惠多赢的区域合作原则，就平台建设、信息共享等重点领域，签订区域合作协议，通过协商厘清协商者之间的共同点和分歧点，明确哪些地方可能需要进一步的技术分析，促进协议的形成和合作提供公共服务的实现，为推进人力资源服务业发展提供保障。

（二）创新行业区域开放合作的激励机制

即建立多途径的利益共享机制。由于各相关主体对自身利益的追求，区域内公共服务合作很难实现"集体理性"，从而陷入集体行动的困境。区域合作能否取得实质进展，最关键的问题就在于区内成员是否能够真正在合作方面达成共识。而达成共识的关键又在于参与各方的整体利益是否能够达到平衡。这就必须要让区内成员切实体会到合作中的优势互补与利益共享，才能有效推进合作的进一步深入。因此，要在利益谈判机制、利益分配方式和风险共担机制等方面进行探索，建立和完善区域利益分享机制，实现经济利益的地区分享。可通过建立新型政府绩效评估标准和跨区域干部交流机制，实现跨区域地方政府官员个人利益的共享；参与区域合作的地区之间，应积极推进区域合作方面各项指标的量化评价，以促进、鼓励区域合作的发展；参与区域合作的各地区内部、各级政府也应积极制订评价激励指标和办法，推动区域内部合作的不断发展。

（三）创新行业区域开放合作的约束机制

1. 建立责任明确的行为约束机制

规范和完善区域合作法律、法规，对区域内各地的合作行为进行有效约束与制衡，禁止区域内的恶意垄断行为。要对违反区域合作协议的地区应承担的责任进行明确规定，对其违反协议所造成的经济损失和其他各方面损失作出明确的赔偿规定，保证区域合作的可持续发展。

2. 建立严格的监督机制

成立人力资源服务业发展促进监督小组。该监督机构独立于综合协调办公室，直接对促进协调会负责，为其反馈规划实施的实际效果；负责对区域合作中任何地区、行业的部门和机构的行为进行监督，尤其是对合作项目全过程进行监督，并有权对其中任何有地方利益倾向的行为提出质疑和询问。

3.建立有效的仲裁机制

成立专门负责区域合作协调仲裁的机构，并制定《区域合作争议仲裁条例》。仲裁机构主要负责对区域经济合作中各地区、各行业中不履行或者破坏协议的行为进行仲裁。经区域合作协调仲裁机构仲裁审定后，区域内各级政府均有权对任何不履行或破坏协议的行为主体采取限制措施。

第七章 企业战略与经营决策

第一节 企业战略管理

一、企业战略管理的内涵、特征及过程

（一）企业战略管理的内涵

企业战略管理概念最初是由安素夫提出的，他在 1976 年出版的《从战略规划到战略管理》一书中提道："企业的战略管理是指将企业的日常业务决策同长期计划决策相结合而形成的一系列经营管理业务。"从企业战略管理过程的角度，我们也可以认为：企业战略管理就是企业在其使命范围内，依据企业外部环境分析和内部环境分析设定战略目标，并为实现目标进行谋划，以及将这种谋划付诸实施和在实施过程中进行控制的一个动态管理的全过程。

由此可以看出：第一，企业战略管理不仅涉及战略的制定和规划，而且也包含着战略实施及控制，它是一个全过程的管理；第二，企业战略管理不是静态的管理，而是一种动态的管理过程。它需要依据企业外部环境的变化、企业内部条件的改变，以及战略执行结果的反馈信息等，而不断修正、调整、完善。

（二）企业战略管理的特征

企业战略管理是企业最高层次的、综合性的管理，与一般的职能管理相比较，企业战略管理具有如下特点：

1.企业战略管理具有全局性

企业的战略管理是以企业的全局为对象，根据企业总体的发展需要而制定的，它所管理的是企业的总体活动，追求的是企业总体效果。

2.企业战略管理的最重要的主体是企业的高层管理者

虽然企业战略决策也需要企业中、基层管理和全体成员的参与与支持，

但企业高层管理者却是企业战略制定重要的主体，因为企业高层管理
者不仅能够了解企业的全面情况，而且更重要的是他们具有对战略实施
所需资源进行分配的权力。

3. 企业战略管理涉及企业各种资源的配置问题

企业战略的实施必须有足够的企业资源做保障，因而在任何情况下，为
保证企业战略目标的实现，需要对企业的资源进行统筹规划，合理配置。

4. 企业战略管理需要格外考虑企业外部环境中的复杂因素

环境决定企业的战略，现今的企业处于一个开放的环境系统之中，通常
受到诸多无法由企业控制的外部因素的影响，如宏观的政治法律因素、经济
因素、社会文化因素、科技因素；微观的顾客、竞争对手、供应商、政府管
理机构、社会公众等等。因此，企业要想使自身在未来竞争性的环境中占据
有力的地位和竞争优势，必须格外重视这些外部力量对其的作用。

（三）企业战略管理的过程

战略管理是对一个企业的未来发展方向制定决策和实施这些决策的动态
管理过程。全面的战略管理过程可大体分解为三个阶段：即战略分析阶段、
战略识别与评价选择阶段、战略实施与控制阶段。

1. 战略分析阶段

战略分析阶段是战略管理过程中基础的首要的过程阶段。战略分析
主要是对企业的战略环境进行分析、评价，并预测这些环境未来发展的
趋势，以及这些趋势可能对企业造成的影响及影响方向。具体的阶段任
务主要包括：

（1）明确企业当前的使命、宗旨。这是进行企业战略分析的起点。

（2）分析企业外部环境。目的是适时地寻找和发现有利于企业发展的机
会，以及对企业来说所存在的威胁，以便在制定和选择战略中能够利用外部
条件所提供的机会而避开对企业的威胁因素。

（3）分析企业内部环境。企业的内部环境即是企业本身所具备的条件，
它包括生产经营活动的各个方面，如生产、技术、市场营销、财务、研究与
开发、员工情况、管理能力等。目的是发现企业所具备的优势或弱点，以便
在制定和实施战略时能扬长避短、发挥优势，有效地利用企业自身的各种
资源。

（4）设定企业的战略目标。企业的战略目标的设定必须在企业内外环境
分析的基础上，综合考虑外部环境中存在的机会和威胁、企业内部自身的优
势和劣势，设定适合企业自身发展的长远战略目标。

2.战略识别与评价选择阶段

战略识别与评价选择过程实质就是战略决策过程，即对战略进行探索、评价及选择。一般来说，一个多业务经营的企业，其战略选择应当解决两个基本的战略问题：一是企业的战略经营领域，即规定企业从事生产经营活动的行业，明确企业的性质和所从事的事业，确定企业以什么样的产品或服务来满足哪一类顾客的需求；二是企业在某一特定经营领域的竞争优势，即要确定企业提供的产品或服务，要在什么基础上取得超过竞争对手的优势。

具体的阶段任务主要包括：

（1）识别及拟定备选战略方案；

（2）评价备选战略方案；

（3）选择制定满意的战略方案。

3.战略实施与控制阶段

企业的战略方案确定后，必须通过具体化的实际行动，才能实现战略及战略目标。一般来说可从两个方面来推进一个战略的实施：一是制定职能策略，如生产策略、市场营销策略、财务策略等，保障总体战略和经营战略的具体实施。二是对企业的组织机构进行构建，以使组织结构匹配于所采取的战略，为战略实施提供一个有利的内部环境。三是要使领导者的素质及能力与所执行的战略相匹配，即挑选合适的企业高层管理者来贯彻既定的战略方案。在战略的具体化和实施过程中，还必须进行战略控制。也就是说将经过信息反馈回来的实际成效与预定的战略目标进行比较，如二者有显著的偏差，就应当采取有效的措施进行纠正。当由于原来分析判断有误，或是环境发生了预想不到的变化而引起偏差时，甚至可能会重新审视环境，制定新的战略方案，进行新一轮的战略管理过程。

二、企业战略分析

每个企业作为一个开放系统，在企业内部以及企业和它之外的环境要素之间都发生着物质和信息的交换，通常企业的活动受到它内部和外部环境因素的影响。因此，企业在正确地制定战略目标之前必须对企业的外部环境和内部环境进行分析，做到"知己知彼"。

（一）企业外部环境分析

当前企业受外部环境因素的影响日益加深，企业要进行战略管理，首先必须客观全面地分析了解企业外部环境的变化，发现外部环境中提供给企业的发展机会和存在的威胁因素，以此为基础来设定企业的战略目标。

1. 企业外部环境概述

（1）外部环境的分类

企业与其外部客观的经营条件、经济组织及其他外部经营因素之间处于一个相互作用、相互联系、不断变化的动态过程之中，那些影响企业经营，而又在企业外部非企业所能全部控制的外部因素就构成了企业的外部环境。一般而言，企业外部环境可以分为两大类：即一般宏观环境和产业竞争环境（任务环境）。一般宏观环境是指可能对某组织活动产生影响，但影响的相关性却不清楚的各种外部因素，是一种间接的影响。具体包括：政治法律因素、宏观经济因素、社会人文因素和宏观科学技术因素。产业竞争环境也称任务环境，是指对某一具体组织的目标的实现有直接影响的那些外部环境因素，具体包括：供应商、顾客、竞争者、政府管理机构以及社会公众等。

（2）外部环境的特征

企业外部环境在与企业自身相互作用的过程中形成了自己的特点，认清企业外部环境的特点有助于企业战略者更好地分析把握企业的外部环境，制定恰当的战略方案。企业外部环境有两个基本的特征：

第一，环境的唯一性。企业外部环境的唯一性主要是针对某一具体企业组织而言的。每一个企业它面对的外部环境必然是唯一的，即使是处在同行业的两个竞争企业，由于它们本身的特点和眼界的不同，对环境的认识和理解的不同，它们不会具有绝对相同的外部环境。认清环境的这种唯一性，就要求企业战略管理者在分析企业外部环境时，必须具体情况具体分析，企业的战略选择不能套用别人现成的战略模式，必须突出自己的特点，形成独特的战略风格。

第二，环境的变化性。企业外部环境的变化性则主要是针对环境本身而言的。企业面临的外部环境总是不断变化的，任何一个企业不可能处于同一个一成不变的环境中。认清环境的这种变化性，就要求企业战略管理者分析外部环境应该是一个与企业环境变化相适应的动态分析过程，战略的制定应随环境的变化而不断修正和调整，以达到企业战略与外部环境新的平衡。

（3）外部环境的衡量

为了使企业战略适应环境的特点，企业必须确认环境的状况。要分析和衡量企业外部环境的状况，可以从两个纬度来进行衡量：一是环境的复杂性纬度；二是环境的稳定性。衡量环境的复杂性程度，主要是看企业面临的外部环境因素的多少，企业受影响的外部环境因素多，面临的是复杂的外部环境，反之，则面临的是简单的外部环境。衡量环境的稳定性程度，主要是看企业面临的外部环境的可预测性程度，企业面对的外部环境未来难以准确预测，面临的是动荡的环境，反之，则面临的是稳定的环境。

根据以上两个纬度，我们可以划分四类不同的环境状况：即简单稳定的环境、简单动荡的环境、复杂稳定的环境和复杂动荡的环境。

2. 一般宏观环境分析

PEST 分析是企业外部一般宏观环境的分析的一种方法。对宏观环境因素做分析，不同行业和企业根据自身特点和经营需要，分析的具体内容会有差异，但一般都应对政治法律环境（Political）、经济环境（Economic）、社会人文环境（Social）和技术环境（Technological）这四大类影响企业的主要外部环境因素进行分析。简单而言，称之为 PEST 分析法。

（1）政治法律环境

政治法律环境包括一个国家的社会制度，执政党的性质，政府的方针、政策、法令等。不同的国家有着不同的社会性质，不同的社会制度对组织活动有着不同的限制和要求。即使社会制度不变的同一国家，在不同时期，由于执政党的不同，其政府的方针特点、政策倾向对组织活动的态度和影响也是不断变化的。

重要的政治法律变量有：执政党性质、政治体制、经济体制、政府的管制、税法的改变、环境保护法、产业政策、投资政策、国防开支水平、政府补贴水平、反垄断法规、与重要大国关系、地区关系等等。

（2）经济环境

经济环境主要包括宏观和微观两个方面的内容。宏观经济环境主要指一个国家的人口数量及其增长趋势，国民收入、国民生产总值及其变化情况以及通过这些指标能够反映的国民经济发展水平和发展速度。微观经济环境主要指企业所在地区或所服务地区的消费者的收入水平、消费偏好、储蓄情况、就业程度等因素。这些因素直接决定着企业目前及未来的市场大小。

重要的关键经济变量有：GDP 及其增长率、可支配收入水平、居民消费（储蓄）倾向、利率、通货膨胀率、政府预算赤字、失业情况、劳动生产率水平、汇率、证券市场状况、外国经济状况、进出口情况、价格波动、货币与财政政策等。

（3）社会文化环境

社会文化环境包括一个国家或地区的居民教育程度和文化水平、宗教信仰、风俗习惯、审美观点、价值观念等。文化水平会影响居民的需求层次；宗教信仰和风俗习惯会禁止或抵制某些活动的进行；价值观念会影响居民对组织目标、组织活动以及组织存在本身的认可与否；审美观点则会影响人们对组织活动内容、活动方式以及活动成果的态度。

关键的社会文化因素有：人口结构比例，性别比例，人口出生、死亡率，人口预期寿命，人均收入，生活方式，平均可支配收入，对政府的态度，对工作的态度，购买习惯，对道德的态度，储蓄倾向性，投资倾向，种族平等状况，平均教育状况，对退休的态度，对质量的态度，对闲暇的态度，对服务的态度，污染控制，对能源的节约，社会责任，对职业的态度，对权威的态度，城市、城镇和农村的人口变化，宗教信仰状况等。

（4）技术环境

技术环境是指影响或制约企业的，涉及社会技术总水平及变化趋势、技术变迁、技术突破等的环境因素，以及技术对政治、经济、社会环境之间的相互作用的表现。

企业应重视的技术变量有：社会科技水平，社会科技力量，国家科技体制，国家科技政策、科技立法等。

3. 产业竞争环境分析

产业竞争环境分析属于外部环境分析中的微观环境分析，其分析的核心内容主要是分析本行业中的企业竞争格局以及本行业和其他行业的关系。行业的结构及竞争性决定着行业的竞争原则和企业可能采取的战略，是企业制定战略最主要的基础。常见的产业竞争环境分析方法如波特的"五力"分析模型。

"五力"分析模型是迈克尔·波特（Michael Porter）于80年代初提出的，对企业战略制定产生了全球性的深远影响。

（二）内部环境分析

企业内部环境是指企业内部的物质、文化环境的总和，包括企业资源、企业能力、企业文化等因素，也称企业内部条件。企业内部环境是有利于保证企业正常运行并实现企业利润目标的内部条件与内部氛围的总和，它由企业家精神、企业物质基础、企业组织结构、企业文化构成，四者相互联系、相互影响、相互作用，形成一个有机整体。

企业内部环境是企业经营的基础，是制定战略的出发点和依据，是竞争取胜的根本。企业战略目标的制定及战略选择既要知彼又要知己，即认清对手和企业自身内部的优势和劣势。企业内部环境分析目的在于掌握企业历史和目前的状况，明确企业所具有的优势和劣势。它有助于企业制定有针对性的战略，有效地利用自身资源，发挥企业的优势；同时避免企业的劣势。对企业内部环境的分析主要包括有企业资源分析及企业能力分析。

1. 企业资源分析

企业资源分析是指企业为找出具有未来竞争优势的资源，对所拥有的资源进行识别和评价的过程。这一过程包括确定公司所拥有的资源，然后应用资源价值原理来确定哪些资源真正具有价值。企业资源分析侧重于企业内部。通过分析企业资源，确定企业的优势和劣势，综合评估企业的战略能力。企业资源分析内容包括以下四个方面：

（1）分析企业现有资源的状况

企业资源可分为实物资源、人力资源、财务资源、无形资产等。这些资源的辨识、确认是战略能力分析的基础。

（2）分析企业资源的利用状况

主要分析资源投入产出情况，具体可采用一些财务指标进行。

（3）分析企业资源的环境适应能力

分析的目的是要确定一旦战略环境发生变化，企业资源对环境的适应程度，这是建立高度适应环境变化的资源基础的出发点，分析重点要放在那些对环境变化特别敏感的资源上。

（4）分析企业资源平衡性

根据协同理论，资源的合理配置可提供战略能力。可以从产品组合、能力与个人特性、资源柔性等方面分析资源配置的合理性。进行资源的平衡分析应主要做好业务平衡分析、现金平衡分析、高级管理者资源平衡分析以及战略平衡分析这四方面。

2. 企业能力分析

企业能力是指整合企业资源、使价值不断增值的技能。企业能力分析的目的是帮助企业决策者确定长远以及近期的企业战略；如果企业战略已经落实，再进行企业能力分析的目的是重新衡量战略实施的可能性，并判断是否需要进行修订，或用以决策是否企业需要通过能力改进手段进行能力完善。

企业能力分析的主要内容包括以下六个方面：

（1）企业财务能力分析

要分析判断一个企业的经营能力，首先必须分析企业的财务状况。分析企业财务状况广泛使用的方法是财务比率分析，主要通过一系列的财务分析指标分析企业财务的收益性、安全性、流动性，这能够清楚地揭示出企业的财务及经营状况的长处和弱点，这对于制定正确有效的企业战略具有十分重要的意义。

（2）企业科研与开发能力分析

科研与开发能力是企业的一项十分重要的能力，企业科研与开发能力分析主要包括以下几个方面。

企业科研成果与开发成果分析：如技术改造、新技术、新产品、专利以及商品化的程度等，给企业带来的经济效益；

科研与开发组合分析：企业的科研与开发在科学技术水平方面有四个层次，即科学发现、新产品开发、老产品的改进、设备工艺的技术改造。企业应该能够根据企业战略的要求和实力决定选择哪一个或哪几个层次的有效组合；

科研与开发能力分析：分析科研队伍的现状和趋势就是要了解他们是否有能力根据企业的发展需要开发和研制新产品，是否有能力改进生产设备的生产工艺；

科研经费分析：企业的科研设施、科研人才和科研活动要有足够的科研经费予以支持，因而应根据企业的财务实力作出预算。决定科研预算各经费的方法一般有三种：按照总销售收入的百分比来确定；根据竞争对手的状况来制定；根据实际需要来确定。

（3）企业生产管理能力分析

生产是企业进行资源转换的中心环节，它必须在数量、质量、成本和时间等方面符合要求的条件下形成有竞争性的生产能力。生产管理能力的分析主要包括：

生产过程分析：主要考虑生产布局、生产技术选择、生产设备选择、生产工艺流程分析、生产运输分析等；

生产能力分析：主要考虑如何确定企业的最佳生产能力，包括生产计划制订、生产能力计划以及设备计划等；

生产质量分析：主要考虑质量方针、质量策划、质量控制、质量保证、质量改进以及质量管理体系；

员工组织分析：主要考虑人员岗位安排、工作标准、绩效测量等；

生产库存分析：主要考虑原材料、在制品及产成品的库存管理。

（4）企业营销能力分析

企业营销能力分析主要应进行：产品竞争能力分析、销售活动能力分析、新产品开发能力分析、市场决策能力分析

（5）企业组织管理能力分析

分析企业的组织管理能力可以从多方面进行，如：对企业集权与分权的有效性进行分析；对企业组织结构进行分析，确定现有组织结构是否匹配于企业战略；对企业领导能力进行分析；对企业员工能力分析等等。

（6）企业文化分析

所谓企业文化是指企业在长期的实践活动中逐步形成的，被组织成员普

遍认可和遵循的具有本企业特色的价值观念、团体意识、行为规范的总和。

（三）企业使命及战略目标

1. 企业使命及战略目标概念

（1）企业使命概念

所谓企业使命是指企业在社会经济发展中所应担当的角色和责任。是指企业的根本性质和存在的理由，说明企业的经营领域、经营思想，为企业目标的确立与战略的制定提供依据。企业在制定战略之前，必须先确定企业使命。简单地理解，企业使命应该包含以下的含义：

第一，企业的使命实际上就是企业存在的原因或者理由，也就是说，是企业生存的目的定位。

第二，企业使命是企业生产经营的哲学定位，也就是经营理念。企业使命为企业确立了一个经营的基本指导思想、方向、经营哲学，它不是企业具体的战略目标，或者是抽象地存在，不一定表述为文字，但影响经营者的决策和思维。这中间包含了企业经营的哲学定位、价值观凸显以及企业的形象定位：我们经营的指导思想是什么？我们如何认识我们的事业？我们如何看待和评价市场、顾客、员工、伙伴和对手？等等。

第三，企业使命是企业经营的形象定位。它反映了企业试图为自己树立的形象，诸如"我们是一个愿意承担责任的企业""我们是一个健康成长的企业""我们是一个在技术上卓有成就的企业"等等。

（2）战略目标概念

战略目标是对企业战略经营活动预期取得的主要成果的期望值。战略目标的设定，应依据企业的使命，在企业内外环境分析的基础上进行。它是企业使命的展开和具体化，是企业使命中确认的企业经营目的、社会使命的进一步阐明和界定，也是企业在既定的战略经营领域展开战略经营活动所要达到的水平的具体规定。战略目标与企业其他目标相比，具有宏观性、长期性、相对稳定性、全面性、可分性、可接受性、可检验性、可挑战性等特征。

2. 战略目标的内容构成

由于战略目标是企业使命和功能的具体化，一方面有关企业生存的各个部门都需要有目标；另一方面，目标还取决于个别企业的不同战略。因此，企业的战略目标是多元化的，既包括经济目标，又包括非经济目标；既包括定性目标，又包括定量目标。德鲁克在《管理实践》一书中提出了八个关键领域的目标：

（1）市场方面目标：应表明本公司希望达到的市场占有率或在竞争中达

到的地位；

（2）技术改进和发展方面目标：对改进和发展新产品，提供新型服务内容的认知及措施；

（3）提高生产力方面目标：有效地衡量原材料的利用，最大限度地提高产品的数量和质量；

（4）物资和金融资源方面目标：获得物质和金融资源的渠道及其有效的利用；

（5）利润方面目标：用一个或几个经济目标表明希望达到的利润率；

（6）人力资源方面目标：人力资源的获得、培训和发展，管理人员的培养及其个人才能的发挥；

（7）职工积极性发挥方面目标：对职工激励、报酬等措施；

（8）社会责任方面的目标：注意公司对社会产生的影响。

3.战略目标制定的过程

一般来说，确定战略目标需要经历调查研究、拟定目标、评价论证和目标决断这样四个具体步骤。

（1）调查研究

在制定企业战略目标之前，必须进行调查研究工作。但是在进入确定战略目标的工作中还必须对已经做过的调查研究成果进行复核，进一步整理研究，把机会和威胁、长处与短处、自身与对手、企业与环境、需要与资源、现在与未来加以对比，搞清楚他们之间的关系，才能为确定战略目标奠定起比较可靠的基础。

调查研究一定要全面进行，但又要突出重点。为确定战略而进行的调查研究是不同于其他类型的调查研究的，它的侧重点是企业与外部环境的关系和对未来研究和预测。关于企业自身的历史与现状的陈述自然是有用的，但是，对战略目标决策来说，最关键的还是那些对企业未来具有决定意义的外部环境信息。

（2）设定目标

经过周密的调查研究，便可着手设定战略目标了。设定战略目标一般需要经历两个环节：拟定目标方向和拟定目标水平。首先在既定的战略经营领域内，依据对外部环境、需要和资源的综合考虑，确定目标方向，通过对现有能力与手段等条件的全面衡量，对沿着战略方向展开的活动所要达到的水平也作出初步的规定，这便形成了可供决策选择的目标方案。

在拟定目标的过程中，企业领导要注意充分发挥参谋智囊人员的作用。要根据实际需要与可能，尽可能多地提出一些目标方案，以便于对比选优。

（3）评价论证

战略目标拟定出来之后，就要组织多方面的专家和有关人员对提出的目标方案进行评价和论证。

第一，论证和评价要围绕目标定位是否正确进行。要着重研究：拟定的战略目标是否符合企业精神，是否符合企业的整体利益与发展需要，是否符合外部环境及未来发展的需要。

第二，要论证和评价战略目标的可行性。论证与评价的方法，主要是

按照目标的要求，分析企业的实际能力，找出目标与现状的差距，然后分析用以消除这个差距的措施，尽可能用数据说明。

第三，要对所拟定的目标完善化程度进行评价。

如果在评价论证时，人们已经提出了多个目标方案，那么这种评价论证就要在比较中恰当进行。通过对比、权衡利弊，找出各个目标方案的优劣所在。拟定目标的评价论证过程，也是目标方案的完善过程。要通过评价论证，找出目标方案的不足，并想方设法使之完善起来。如果通过评价论证发现拟定的目标完全不正确或根本无法实现，那就要回过头去重新拟定目标，然后再重新评价论证。

（4）决断目标

在决断选定目标时，要注意从以下三方面权衡各个目标方案：①目标方向的正确程度；②可望实现的程度；③期望效益的大小。对这三个方面宜作综合考虑。所选定的目标，三个方面的期望值都应尽可能大。目标决断，还必须掌握好决断时机。在决策时间问题上，一方面要防止在机会和困难都还没有搞清楚之前就轻率决策；另一方面又不能优柔寡断，贻误时机。

调查研究、设定目标、评价论证、决断目标这四个步骤是紧密结合在一起的，后一步的工作要依赖于前一步的工作，在进行后一步的工作时，如果发现工作的不足，或遇到新情况，就需要回过头去，重新进行前一步或前几步的工作。

三、企业战略识别与评价选择

（一）公司战略

公司战略也称总体战略，是企业总体的、最高层次的战略，其研究对象是企业的整体，所要解决的问题是确定企业的整个经营范围和公司资源在不同经营单位之间的分配事项。常见的公司战略有三种类型：稳定型战略、发展型战略及防御型战略。

1. 稳定型战略

稳定型战略是企业非快速的、稳定增长的一种公司战略。实施稳定战略的企业，战略期内的资源分配、经营状况基本保持在目前状况和水平上，经营方向、业务领域、市场规模、市场地位、生产规模等变动不大。

稳定型战略的基本特征是：

第一，企业通常计划每年按一定的较低的比例增长；

第二，企业通常满足于它过去的收益，继续寻求与过去相同或类似的战略目标；

第三，企业通常以基本相同或类似的产品或服务来满足顾客。

稳定型战略的优点是：（1）企业能够保持战略的连续性，不会由于战略的突然改变而引起公司在资源分配、组织机构等方面的大幅度变动；（2）企业经营风险小，能够保持公司的平稳发展。

稳定型战略的缺点是：（1）企业容易错失外部环境提供的一些可以快速发展的机会，如被竞争对手利用这些机会能加速发展的话，则企业将面临严重竞争威胁；（2）企业管理者习惯于墨守成规、不利于刺激企业创新。

稳定型战略的适用范围：一般来说，稳定型战略适合于稳定增长中的行业或处于稳定环境中的企业（如公用事业型、运输、金融类企业）。

2. 发展型战略

发展型战略也称增长战略，是企业追求快速发展的一种公司战略。实施发展型战略的企业通常表现为较快的增长速度（企业发展速度要比产品的市场需求增长速度要快或者高于同行业的平均发展速度），企业的创新较多，企业总是获得高于行业平均水平的利润，企业不是被动去适应环境，而是通过创新来努力改变环境，使外界适应它们自己。发展型战略具有较强的竞争性，是公司战略中最重要的一种子战略类型，常见的发展型战略有三种典型的子战略模式：即集中单一业务战略、一体化战略及多元化战略。

（1）集中单一业务战略

集中单一业务战略是指企业将绝大部分经营业务集中于一个业务或行业，并以快于过去的增长速度来增加销售额、利润和市场占有率的一种发展战略，集中单一业务战略的最大益处是可以实现规模经济，即当平均成本或单位产出成本随着生产的产品或服务的数量增加而下降所出现的经济现象。规模经济主要来源于下列几个方面：

第一，固定成本的分摊。即当固定成本一定时，产量越大，分摊到单位产品的固定成本就越少。

第二，采购的经济性。即通过大批量采购而获得单位采购成本的好处。

第三，营销的经济性。如广告费用及其他促销费用能够在更多的产品或服务中分摊。

第四，储备存货规模经济性。即在缺货水平一样时，大业务量公司所必需的存货比例比小业务量公司要小，从而也就减少了大公司的存货成本。

第五，研发的经济性。即单位研究开发成本随着规模或销售量的增加而递减。集中单一业务战略把企业有限的资源集中在同一经营方向上，形成较强的核心竞争力；有助于企业通过专业化的知识和技能提供满意和有效的产品和服务，在产品技术、客户服务、产品创新和整个业务活动的其他领域开辟新的途径；有利于各部门制定简明、精确的发展目标；可以使企业的高层管理人员减少管理工作量，集中精力，掌握该领域的经营知识和有效经验，提高企业的经营能力。

世界上许多企业都是通过集中单一业务战略而成为某一领域的主导者，如可口可乐公司。但是，集中单一业务战略的风险也是显而易见的。它把所有的鸡蛋都放进一个篮子里。当单一经营所在的行业发生衰退、停滞或者缺乏吸引力时，实行集中单一业务战略的企业将难于维持企业的成长。

（2）一体化战略

一体化战略是指企业利用社会化生产链中的直接关系来扩大经营范围和经营规模，在供、产、销方面实行纵向或横向联合的一种发展战略。一体化战略又可分为横向一体化（水平一体化）和纵向一体化（垂直一体化）。

横向一体化战略是指为了扩大生产规模、降低成本、巩固企业的市场地位、提高企业竞争优势、增强企业实力而与同行业企业进行联合的一种战略。其实质是资本在同一产业和部门内的集中，目的是实现扩大规模、降低产品成本、巩固市场地位。企业同行业并购、企业国际化经营是横向一体化的表现形式。采用横向一体化战略，企业可以有效地实现规模经济，快速获得互补性的资源和能力。此外，通过收购或合作的方式，企业可以有效地建立与客户之间的固定关系，遏制竞争对手的扩张意图，维持自身的竞争地位和竞争优势。横向一体化战略也存在一定的风险，如过度扩张所产生的巨大生产能力对市场需求规模和企业销售能力都提出了较高的要求；同时，在某些横向一体化战略如合作战略中，还存在技术扩散的风险；此外，组织上的障碍也是横向一体化战略所面临的风险之一，如"大企业病"、并购中存在的文化不融合现象等。

纵向一体化战略是指企业将生产与原料供应，或者生产与产品销售联合在一起的战略形式，是企业在两个可能的方向上扩展现有经营业务的一种发展战略，也就是将经营领域向深度发展的战略。它包括前向一体化战略和后向一体化战略。

前向一体化战略是企业自行对本公司产品做进一步深加工，或者资源进行综合利用，或公司建立自己的销售组织来销售本公司的产品或服务。如钢铁企业自己轧制各种型材，并将沏材制成各种不同的最终产品即属于前向一体化，

后向一体化则是企业自己供应生产现有产品或服务所需要的全部或部分原材料或半成品，如钢铁公司自己拥有自己的矿山；纺织厂自己纺纱、洗纱即属于后向一体化。

企业实施一体化战略主要的优点在于：

第一，通过横向一体化战略，企业可以快速实现扩张发展，形成较强的规模经济优势；

第二，通过后向一体化，企业能对所用原材料的成本、可获得性以及质量具有更大的控制权，可以分享上游端供应商的利润；

第三，通过前向一体化，企业能够控制销售和分配渠道，有助于消除企业产品库存积压生产下降的局面，还可以分享企业下游端经销商的利润。

企业实施一体化战略主要的缺陷在于：

第一，使企业规模变大，业务拓展需要较多投资，要求公司掌握多方面技术，从而带来管理复杂化，另外日后再想脱离这些行业则较为困难；

第二，由于纵向一体化产品的相互关联和相互牵制，不利于新技术和新产品的开发；

第三，还会导致生产过程中各环节之间的生产能力不平衡问题。

（3）多元化战略

多元化战略是企业发展多品种或多种经营的长期谋划。多元化经营，就是企业尽量增大产品大类和品种，跨行业生产经营多种多样的产品或业务，扩大企业的生产经营范围和市场范围，充分发挥企业特长，充分利用企业的各种资源，提高经营效益。多元化又分为相关多元化和非相关多元化。

相关多元化战略是指公司进入与现有的业务在价值链上拥有战略匹配关系的新业务。非相关多样化战略是指公司增加与现有的产品或服务、技术或市场都没有直接或间接联系的大不相同的新产品或服务。如我国的海尔集团公司的发展走的正是一条从相关多元化到非相关多元化的道路，从早期的冰箱业务，逐步到冰柜、空调、彩电、洗衣机、手机、电脑以及金融、房地产和药业。

企业采用相关多元化战略进入技术、生产、职能活动或销售渠道能够共享的经营领域，可以实现范围经济所带来的益处而使成本降低。所谓范围经

济，是指当两种或更多的经营业务在一个共同的集中管理下运作的总成本比作为独立的业务进行运作所发生的成本更低的经济现象。范围经济性主要来源于技术的匹配性、运营的匹配性、与销售和顾客相关的匹配性以及管理的匹配性四个方面。

在当今众多的大型企业中，实行多元化经营已成为一种发展趋势。企业实施多元化战略的优点主要有：

第一，通过多种业务经营，可以分散经营风险，保障收益的稳定性，就好比"不把所有鸡蛋都放在同一个篮子里""东方不亮西方亮"；

第二，企业转向具有更优经济特征的行业，可以增加企业利润点，改善公司的整体盈利能力和灵活性；

第三，企业各业务部门可以充分利用公司在统一管理、统一营销、统一采购、统一研究与开发等方面的资源，获得协同收益。

企业实施多元化战略的主要风险在于：

第一，企业规模快速扩大，业务多样化，从而带来管理上的复杂化以及技术困难化，经营风险加大；

第二，企业多元化发展需要大量的投资，需要企业具备较强的资金筹措能力，同时企业的财务风险加大。

由此可见，多元化战略是一把锋利的双刃剑，企业考虑采用多元化战略快速发展，定要"三思而后行"，勿要步入"多元化陷阱"。

3. 防御型战略

防御型战略是企业应付市场可能给企业带来的威胁，采取一些措施企图保护和巩固现有市场的一种战略。，常见的防御型战略模式有收缩、调整、放弃及清算策略。

（1）防御型战略的目的

防御型战略的目的恰恰与发展型战略相反，它不寻求企业规模的扩张，而是通过调整来缩减企业的经营规模。

（2）防御型战略的适用条件

第一，宏观经济严重不景气、通胀严重、消费者购买力很弱。

第二，企业的产品已进入衰退期，市场需求大幅度下降，企业没有做好新产品的投入准备。

第三，企业受到强有力的竞争对手的挑战，难以抵挡。

第四，企业的高层领导者缺乏对市场需求变化的敏感性，面对危机束手无策，被动地采取防御战略；企业高层领导者面对困境，主动地选择前景良好的经营领域，进行投资，实施有秩序的资源转移。

（3）防御型战略的实施

防御战略的实施通常分三个阶段进行：

紧缩阶段：紧缩开支、节约原材料、缩小经营规模；

巩固阶段：完善管理制度，提高管理水平，检讨市场营销；

复苏阶段：推出新产品，改善企业形象；调整市场营销策略和实施计划；为彻底摆脱困境做好资源和财务上的安排。

（二）基本竞争战略

竞争战略它所要解决的问题主要是考虑在一个具体的业务或行业内，经营单位如何参与市场竞争并取得竞争优势的问题，企业某种业务有效地参与市场竞争并取得竞争优势的常见手段是利用价格优势和产品特色优势。常见的基本竞争战略主要有三种典型的子战略模式，即低成本战略、差异化战略和集中化战略。

1. 低成本战略

低成本战略也称总成本领先战略，是指企业通过有效途径降低成本，使企业的全部成本低于竞争对手的成本，甚至是同行业中最低的成本，从而获得竞争优势的一种竞争战略。如我国的格兰仕公司在微波炉业务上成功实施就是低成本战略运用的一个典型例子。

实施低成本战略的企业主要优势在于：

（1）从抵御新进入者的威胁来看，实施低成本战略的企业通常已建立起的巨大的生产规模和成本优势，造成新加入者的较大进入障碍；

（2）从抵御购买者讨价还价能力来看，实施低成本战略的企业握有更大的主动权，可以更好应对购买商的讨价还价；

（3）从抵御供应商讨价还价能力来看，实施低成本战略的企业同样有更大的余地来应对有很强议价能力的供应商；

（4）从抵御替代品威胁来看，实施低成本战略的企业往往比同行业中的其他企业处于更有利的地位；

（5）面对同行业现有企业的激烈竞争，实施低成本战略的企业低成本优势通常是很有效的法宝，可以从容面对残酷的价格战。

实施低成本战略的企业主要面临的风险在于：

（1）具有强大资本实力的潜在竞争者很可能后来居上；

（2）科学技术的发展进步，新工艺、新技术的创新，容易削弱低成本企业的竞争优势；

（3）企业管理者通常缺乏对市场变化的敏锐洞察力，易错失快速发展的机会；

2. 差异化战略

差异化战略也称别具一格战略，是指企业通过提供与众不同的产品和服务，满足目标顾客的特殊需求，从而形成竞争优势的一种竞争战略。这一战略试图使本公司的产品和服务与同行业其他企业的产品和服务有所区别，它强调高超的质量、非凡的服务、新颖的设计、技术性专长，或者不同凡响的品牌形象，而非产品和服务的成本。如一种独特口味的比萨饼、工程设计和性能卓越的奔驰汽车、高质量制造的本田汽车、技术领先地位的索尼公司产品以及海尔公司的星级服务等。这一战略的基本假设是：消费者愿意为差异化的产品付出较高的价格。实施这一战略的企业需要有很强的市场运作能力、创造性的目光以及作为市场领导者的声誉。

实施差异化战略的企业主要优势在于：

（1）容易获取消费者对本企业特色产品或服务的高度忠诚，甚至成为一种消费习惯；

（2）利用本企业独具特色的，深受消费者喜爱的产品，使消费者缺乏与之可以比较的产品参照，降低消费者对价格的敏感度；

（3）企业通常具有较高的边际效益，能更好抵御供应商讨价还价的能力；

（4）利用消费者对本产品的忠诚，使得替代品无法迅速进入消费的内心，即使替代品具有类似的性能，低廉的价格；

（5）同样利用消费者对本产品的忠诚对新加入者形成强有力的进入障碍；

实施差异化战略的企业主要风险在于：

（1）可能丧失部分客户。如果采用成本领先战略的竞争对手压低产品价格，使其与实行差异化战略的厂家的产品价格差距拉得很大，在这种情况下形成威胁；

（2）用户所需的产品差异的因素下降。当用户变得越来越老练时，对产品的特征和差别体会不明显时产生威胁；

（3）大量的模仿缩小了感觉得到的差异产生威胁；

（4）过度差异化导致的管理难度和成本增加产生的威胁。

3. 集中化战略

集中化战略是指将企业的经营活动集中于某一特定细分的市场领域，通过为这个细分市场的购买者提供比竞争对手更好、更有效率的服务来建立竞争优势的一种竞争战略。集中化战略与低成本战略、差别化战略不同，低成本战略、差别化战略面向全行业，在整个行业的范围内进行活动。而集中化战略则是围绕一个特定的目标进行密集型的生产经营活动，要求能够比竞争对手提供更为有效的服务。公司一旦选择了目标市场，便可以通过产品差别化或成本领先的方法，形成集中低成本或集中差异化战略。如我国健力宝公司推出健力宝饮料产品时，面对行业巨头可口可乐公司和百事可乐公司竞争，其首先打开了"运动员专用饮料市场"，利用差异化的特色优势取得了成功，这正是集中化战略（集中差异化）的应用而取得了成功。

实施集中化战略的企业主要优势在于：

集中化战略避开了在大市场内与竞争对手的直接竞争，所以对于一些力量还不足以与实力雄厚的大公司抗衡的中小企业来说，集中化战略可以增强他们相对的竞争优势，因而该战略对中小企业具有重要意义。即使对于大企业来说，采用集中化战略也能避免与竞争对手正面冲突，使企业处于一个竞争的缓冲地带。

实施集中化战略的企业主要战略风险在于：

（1）强大的竞争对手可能会后进入企业选定的细分市场，并采取优于企业的更集中化的战略；

（2）狭窄的小市场中的顾客需求可能会与大市场中一般顾客需求趋同，此时集中化战略的优势就会被削弱或消失；

（3）企业选择的细分市场非常具有吸引力，以至于各个竞争厂商蜂拥而入，瓜分细分市场的利润。

四、企业战略实施与控制

（一）企业战略实施

战略实施就是将企业战略付诸实施的过程。企业战略的实施是战略管理过程的行动阶段。战略实施是一个自上而下的动态管理过程。所谓"自上而下"主要是指，战略目标在公司高层达成一致后，再向中下层传达，并在各项工作中得以分解、落实。所谓"动态"主要是指战略实施的过程中，常常需要在"分析—决策—执行—反馈—再分析—再决策—再执行"的不断循环中达成战略目标。

企业战略实施在过程中，有四个相互联系的阶段：

1. 战略发动阶段

在这一阶段上，企业的领导人要研究如何将企业战略的理想变为企业大多数员工的实际行动，调动起大多数员工实现新战略的积极性和主动性，这就要求对企业管理人员和员工进行培训，向他们灌输新的思想、新的观念，提出新的口号和新的概念，消除一些不利于战略实施的旧观念和旧思想，以使大多数人逐步接受一种新的战略。对于一个新的战略，在开始实施时相当多的人会产生各种疑虑，而一个新战略往往要将人们引入一个全新的境界，如果员工们对新战略没有充分的认识和理解，它就不会得到大多数员工的充分拥护和支持。因此，战略的实施是一个发动广大员工的过程，要向广大员工讲清楚企业内外环境的变化给企业带来的机遇和挑战、旧战略存在的各种弊病，新战略的优点以及存在的风险等，使大多数员工能够认清形势，认识到实施战略的必要性和迫切性，树立信心，为实现新战略的美好前途而努力奋斗。在发动员工的过程主要努力争取战略的关键执行人员的理解和支持，企业的领导人要考虑机构和人员的认识调整问题以扫清战略实施的障碍。

2. 战略计划阶段

将经营战略分解为几个战略实施阶段，每个战略实施阶段都有分阶段的目标，相应的有每个阶段的政策措施、部门策略以及相应的方针等。要定出分阶段目标的时间表，要对各分阶段目标进行统筹规划、全面安排，并注意各个阶段之间的衔接，对于远期阶段的目标方针可以概括一些，但是对于近期阶段的目标方针则应该尽量详细一些。对战略实施的第一阶段更应该是新战略与旧战略有很好的衔接，以减少阻力和摩擦，第一阶段的分目标及计划应该更加具体化和操作化，应该制订年度目标、部门策略、方针与沟通等措施，使战略最大限度地具体化，变成企业各个部门可以具体操作的业务。

3. 战略运作阶段

企业战略的实施运作主要与下面六个因素有关，即：各级领导人员的素质和价值观念；企业的组织机构；企业文化；资源结构与分配；信息沟通；控制及激励制度。通过这六项因素使战略真正进入到企业的日常生产经营活动中去，成为制度化的工作内容。

4. 战略的控制与评估阶段

战略是在变化的环境中实践的，企业只有加强对战略执行过程的控制与评价，才能适应环境的变化，完成战略任务。这一阶段主要是建立控制系统、监控绩效和评估偏差、控制及纠正偏差三个方面，

（二）企业战略控制

战略控制是指在企业战略的实施过程中，检查企业为达到目标所进行的各项活动的进展情况，评价实施企业战略后的企业绩效，把它与既定的战略目标与绩效你准相比较，发现战略差距，分析产生偏差的原因，纠正偏差，使企业战略的实施更好地与企业当前所处的内外环境、企业目标协调一致，使企业战略得以实现。

1. 战略控制的内容

对企业战略的实施进行控制的主要内容有：

（1）设定绩效标准。根据企业战略目标，结合企业内部人力、物力、财力及信息等具体条件，确定企业绩效标准，作为战略控制的参照系。

（2）绩效监控与偏差评估。通过一定的测量方式、手段、方法，监测企业的实际绩效，并将企业的实际绩效与标准绩效对比，进行偏差分析与评估。

（3）设计并采取纠正偏差的措施。以顺应变化着的条件，保证企业战略的圆满实施。

（4）监控外部环境的关键因素。外部环境的关键因素是企业战略赖以存在的基础，这些外外部环境的关键因素的变化意味着战略前提条件的变动，必须给予充分的注意。

（5）激励战略控制的执行主体，以调动其自控制与自评价的积极性，以保证企业战略实施的切实有效。

2. 战略控制的作用

企业战略的控制在战略管理中的作用主要表现在以下几个方面：

（1）企业战略实施的控制是企业战略管理的重要环节，它能保证企业战略的有效实施。战略决策仅能决定哪些事情该做，哪些事情不该做，而战略实施的控制的好坏将直接影响企业战略决策实施的效果好坏与效率高低，因此企业战略实施的控制虽然处于战略决策的执行地位，但对战略管理是十分重要的，必不可少的。

（2）企业战略实施的控制能力与效率的高低又是战略决策的一个重要制约因素，它决定了企业战略行为能力的大小。企业战略实施的控制能力强，控制效率高，则企业高层管理者可以作出较为大胆的、风险较大的战略决策，若相反，则只能作出较为稳妥的战略决策。

（3）企业战略实施的控制与评价可为战略决策提供重要的反馈，帮助战略决策者明确决策中哪些内容是符合实际的、是正确的，哪些是不正确的、不符合实际的，这对于提高战略决策的适应性和水平具有重要作用。

（4）企业战略实施的控制可以促进企业文化等企业基础建设，为战略决策奠定良好的基础。

五、企业战略的新发展

（一）企业战略联盟

战略联盟的概念最早由美国 DEC 公司总裁简·霍普兰德（J.Hop land）和

管理学家罗杰·奈格尔（R.Nigel）提出，他们认为，战略联盟指的是由两个或两个以上有着共同战略利益和对等经营实力的企业，为达到共同拥有市场、共同使用资源等战略目标，通过各种协议、契约而结成的优势互补或优势相长、风险共担、生产要素水平式双向或多向流动的一种松散的合作模式。企业战略联盟具有边界模糊、关系松散、机动灵活、动作高效等特点，常见的企业战略联盟的形式有合资、研发协议、定牌生产、特许经营、相互持股等具体形式。企业战略联盟的类型主要有两类：一是实体联盟，即主要靠股权、合作协议等具有法律效力的契约约束组成的联盟；二是虚拟联盟，即指不涉及所有权的和以法律作约束力的、彼此相互依存的联盟关系。维系虚拟联盟更多的是靠对行业法规的塑造、对知识产权的控制以及对产品或技术标准的掌握和控制实现的，通过这些"软约束"协调联盟各方的产品和服务。

任何企业都有各自的长处和短处，不同的阶段，不同的时间，不同的地点，都应有自己的发展重点，不同的策略。为此，有必要通过开展合作，来达到优势互补的目的，尤其是当自己有着明显劣势，同时又暂时有没有能力或精力来顾及且又不能"熟视无睹"的时候，就非常有必要通过寻找合作伙伴来弥补自身的不足，化劣势为优势。企业战略联盟具有非常显著的优势，比如：快速性、互补性、低成本、成效大等等，是一个相对比较容易实施的策略。企业战略联盟实施成功的关键在于：第一，订立联盟策略，在合适的时候发现自己的企业在哪些方面缺乏竞争优势，在哪些方面有竞争优势，从而制定策略；第二，选择合作伙伴，合作伙伴的选择要适合本公司的情况，有时候并不是越大的伙伴越好，而是适合自己的伙伴越好；第三，建立联盟结构与管理制度，同自己的策略联盟伙伴制定一个相互之间权利和义务的协定以及出现问题的协商制度，这对于战略联盟合约的履行是至关重要的；第四，订立终止联盟计划，在开始的时候就应该考虑善始善终。企业实施战略联盟有助于实现企业的战略目标、提升企业核心竞争力、实现战略多样性、促进研究和开发和防止过度的竞争。

（二）蓝海战略

蓝海战略（Blue Ocean Strategy）是由 W·钱·金（W.Chan Kim）和莫博涅（Mauborgne）提出的。蓝海战略认为，聚焦于红海等于接受了商战的限制性因素，即在有限的土地上求胜，却否认了商业世界开创新市场的可能。运用蓝海战略，视线将超越竞争对手移向买方需求，跨越现有竞争边界，将不同市场的买方价值元素筛选并重新排序，从给定结构下的定位选择向改变市场结构本身转变。

　　一个典型的蓝海战略例子是太阳马戏团，在传统马戏团受制于"动物保护""马戏明星供方砍价"和"家庭娱乐竞争买方砍价"而萎缩的马戏业中，从传统马戏的儿童观众转向成年人和商界人士，以马戏的形式来表达戏剧的情节，吸引人们以高于传统马戏数倍的门票来享受这项前所未见的娱乐。

　　蓝海以战略行动作为分析单位，战略行动包含开辟市场的主要业务项目所涉及的一整套管理动作和决定，价值创新是蓝海战略的基石。价值创新挑战了基于竞争的传统教条即价值和成本的权衡取舍关系，让企业将创新与效用、价格与成本整合一体，不是比照现有产业最佳实践去赶超对手，而是改变产业景框重新设定游戏规则；不是瞄准现有市场"高端"或"低端"顾客，而是面向潜在需求的买方大众；不是一味细分市场满足顾客偏好，而是合并细分市场整合需求。

　　构思蓝海的战略布局需要回答四个问题：一是哪些被产业认定为理所当然的元素需要剔除？二是哪些元素的含量应该被减少到产业标准之下？三是哪些元素的含量应该被增加到产业标准之上？四是哪些产业从未有过的元素需要创造？蓝海战略共提出六项原则，其中四项战略制定原则是：重建市场边界、注重全局而非数字、超越现有需求、遵循合理的战略顺序；和两项战略执行原则是：克服关键组织障碍、将战略执行建成战略的一部分。

（三）国际化战略

　　企业国际化战略是企业产品与服务在本土之外的发展战略。随着企业实力的不断壮大以及国内市场的逐渐饱和，有远见的企业家们开始把目光投向本土以外的全球海外市场。企业的国际化战略是公司在国际化经营过程中的发展规划，是跨国公司为了把公司的成长纳入有序轨道，不断增强企业的竞争实力和环境适应性而制定的一系列决策的总称。企业的国际化战略将在很大程度上影响企业国际化进程，决定企业国际化的未来发展态势。企业的国际化战略可以分为本国中心战略、多国中心战略和全球中心战略三种。本国中心战略是在母公司的利益和价值判断下做出的经营战略，其目的在于以高度一体化的形象和实力在国际竞争中占据主动，获得竞争优势。这一战略的特点是母公司集中进行产品的设计、开发、生产和销售协调，管理模式高度集中，经营决策权由母公司控制。这种战略的优点是集中管理可以节约大量的成本支出，缺点是产品对东道国当地市场的需求适应能力差。多国中心战略是在统一的经营原则和目标的指导下，按照各东道国当地的实际情况组织生产和经营。母公司主要承担总体战略的制定和经营目标分解，对海外子公司实施目标控制和财务监督；海外的子公司拥有较大的经营决策权，可以根据当地的市场变化做出迅速的反应。这种战略的优点是对东道国当地市场的需求适应能力好，市场反应速度快，缺点是增加了子公司和子公司之间的协调难度。全球中心战略是将全球视为一个统一的大市场，在全世界的范围内获取最佳的资源并在全世界销售产品。采用全球中心战略的企业通过全球决策系统把各个子公司连接起来，通过全球商务网络实现资源获取和产品销售。这种战略既考虑到东道国的具体需求差异，又可以顾及跨国公司的整体利益，已经成为企业国际化战略的主要发展趋势。但是这种战略也有缺陷，对企业管理水平的要求高，管理资金投入大。

纵观中国企业的国际化战略，大致可以分为四种类型，第一种是海外设厂，生产本地化，如海尔；第二种是自有产品直接出口，如华为和中兴；第三种是并购国外企业，如联想；第四种是产品贴牌出口，这类企业以浙江温州企业为多。当然，上述分类是按照企业的主导战略类型，企业国际化战略有时会采取多种战略，即组合战略来进军海外。前三种方式是中国企业国际化的方向，也代表了中国公司在国际上的竞争力。

（四）竞合战略

"竞合战略"一词最早出现在 1996 年。竞合战略是博弈理论的应用，它是关于创造价值与争取价值的理论。创造价值的本质是合作的过程，争取价值的本质是竞争的过程。竞合策略的主要观念是增加互补者，运用互补者的战略可使你的产品和服务变得更有价值。

竞合战略泛指通过与其他企业合作来获得企业竞争优势或战略价值的战略。竞合战略就是竞争中求合作，合作中有竞争。竞争与合作是不可分割的整体，通过合作中的竞争、竞争中的合作，实现共存共荣，一起发展，这是企业竞争所追求的最高境界。竞合的着眼点在于把产业蛋糕做大，在做大蛋糕的基础上大家都有可能比以前得到的更多，从而使企业能在一个较小风险、相对稳定、渐进变化的环境中获得较为稳定的利润。竞合的实质是实现企业优势要素的互补，增强竞争双方的实力，并且将其作为竞争战略之一加以实施，从而促成双方建立和巩固各自的市场竞争地位。

当今的商业运作是战争与和平的综合体。在做蛋糕的时候，商场是合作；在分蛋糕的时候，商场是战争。战争与和平是同时发生的。任何行为的目标都是为了要让自己好，然而"让自己好"不一定要牺牲别人。在既合作又竞争的精神下，有些情况采取"赢输"模式最有效；有些情况采取"双赢"模式才明智。

竞合战略是一种互补性的商业思维模式，它的方法是设法将饼做大一点，而不是和竞争者争夺固定大小的饼。那么在全球的软件产业中，中国与美国、中国与印度既是竞争者，也可以是互补者，我们可以用竞合战略的眼光去看待中国与其他国家的关键。商场非战场，不再崇尚谁吃掉谁的"丛林哲学"，而是在寻求竞合和双赢。不知道怎样与对手合作，就无法参与竞争。中国软件企业要充分认清现实世界产业环境和对手状况，一方面善于向美国_学习、争取合作的机会，迅速提升自身服务能力；另一方面得清楚目前和印度合作要提高警惕，小心处理竞合关系，避免被廉价利用。只有修炼好内功，抓住机遇，聪明地选择竞合方式并以不卑不亢的学习态度走进世界，中国软件业迈出的第一步才会坚定而有力。

竞合战略的作用在于，通过竞合这种合作博弈可以使整个供应链减少了因对抗性而产生的资源浪费，企业间可以产生联合的最大化垄断利润，使社会财富增加。同时，竞合企业之间可以形成稳定的供应链，稳定的质量及价格，减少库存、检验、交易成本的发生。而在合作伙伴内部，分工与协作有利于各企业间的优势互补，可以形成更为有效的专业化分工，发挥规模效益，以使产品整体成本降低。相反，如果只有竞争而没有合作，那么整个供应链也就会因此而运转不畅或断裂，大家就会陷入争夺市场、瓜分利益的"红海"中去。

第二节 企业经营决策

一、决策的内涵及理论

（一）决策的含义及依据

决策是指组织或个人为了实现某种目标而对未来一定时期内有关活动内容及方式的选择或调整过程。企业经营决策则是指企业对未来经营发展的目标及实现目标的战略或手段进行最佳选择的过程。企业经营决策是企业管理全部工作的核心内容。在企业的全部经营管理工作中，决策的正确与否，直接关系到企业兴衰成败和生存发展。

决策包含有三层含义：

（1）决策的主体是管理者。管理者既可以单独做出决策，这样的决策称为个体决策；也可以和其他的管理者共同做出决策，这样的决策称为群体决策；

（2）决策的本质是一个过程，这一过程由多个步骤组成；

（3）决策的目的是解决问题或利用机会，这就是说，决策不仅仅是为了解决问题，有时也是为了利用机会。

管理者在决策时离不开信息。信息的数量和质量直接影响决策水平。所以说，适量的信息是决策的依据。信息量过大固然有助于决策水平的提高，但对组织而言可能是不经济的，而信息量过少则使管理者无从决策或导致决策达不到应有的效果。

（二）决策的理论

决策理论是研究决策问题的基本理论。与管理理论的发展历程基本相似，决策理论的发展也经历了三个阶段：古典决策理论阶段、行为决策理论阶段和当代决策理论阶段。

1.古典决策理论

又称规范决策理论，是基于"经济人"假设提出来的。认为决策的目的在于为组织获取最大的经济利益。

古典决策理论的主要内容可概括为：

（1）决策者必须全面掌握有关决策环境的信息情报；

（2）决策者要充分了解有关备选方案的情况；

（3）决策者应建立一个合理的层级结构，以确保命令的有效执行；

（4）决策者进行决策的目的始终在于使本组织获取最大的经济利益。

古典决策理论假设决策者是完全理性的，决策者在充分了解有关信息情报的情况下，是完全可以作出实现组织目标的最佳决策的。古典决策理论忽视了非经济因素在决策中的作用，这种理论不可能正确指导实际的决策活动，从而逐渐被更为全面的行为决策理论所代替。

2.行为决策理论

行为决策理论建立于20世纪50年代以后，它以行为科学为基础，遵循"有限理性"假说，追求的是"满意决策"。行为决策理论的主要代表人物是美国管理学家和社会科学家 H.A. 西蒙，其主要贡献是：提出了管理的决策职能；建立了系统的决策理论，并提出了"其人有限度理性行为"的命题和"令人满意的决策"的准则。

行为决策理论的主要内容可概括为：

（1）人的理性介于完全理性和非理性之间，即人是有限理性的；有限理性是指人的知识有限，能力有限，个人价值观，决策环境的不确定性和复杂性等均会使得人难以做到理性的抉择。

（2）决策者在识别和发现问题中容易受知觉上的偏差的影响；而在对未

来的状况做出判断时，直觉的运用往往多于逻辑分析方法的运用；

（3）由于受决策时间和可利用资源的限制，决策者即使充分了解和掌握有关环境的信息情报，也只能做到尽量了解各种备选方案的情况，而不可能做到全部了解，决策者选择的理性是相对的；

（4）决策者在决策中往往只求满意的结果，而不必费力寻求最佳方案。

3. 当代决策理论

继古典和行为决策理论之后，决策理论有了进一步发展，产生了当代决策理论，其主要内容可概括为：

（1）决策贯穿于整个管理过程，决策程序就是整个管理过程。

（2）决策过程：分析内外环境，识别机会—确定目标—拟定可行方案—评估备选方案—作业决定—选择实施战略—检查、监督评估

（3）广泛应用教学、系统论、计算机行为科学的有关理论。

二、企业经营决策的原则

（一）整体性原则

也可称为系统性原则，它要求把决策对象看作是一个系统，以系统整体目标的优化为准绳，来协调系统中各分系统的相互关系，从而使系统完整、平衡。

（二）前瞻性原则

预测是经营决策的前提和依据。科学决策就是采取科学的预见来克服没有科学根据的主观臆断，以防止盲目决策。

（三）可行性原则

掌握可行性原则必须认真研究分析制约因素，这些制约因素包括自然条件的制约和决策本身目标系统的制约。可行性原则的具体要求，就是在考虑制约因素的基础上，进行合法性、选优性、全面性的研究分析。

（四）信息性原则

科学决策要求信息必须是准确、适用、及时的。进行决策必须广泛收集与之有关的全面系统的信息资料，然后进行归纳、整理、分析、加工。

（五）满意性原则

满意性原则要求决策最终的结果不是需求问题的最优解，由于人的有限

理性，现实中的企业决策应当追求的是既定条件下令人满意的结果。

（六）反馈性原则

反馈的目的在于对决策的后果进行动态的调整，决策只有在不断反馈中及时修正，在反复的修正中才能逐步完善。

三、企业经营决策的主要内容

企业的经营决策是在经济分析的基础上，依据客观规律和实际情况，对企业总体发展和各种重要经营活动的经营目标、方针和策略，作出正确抉择的过程。经营决策内容主要体现在三个方面：

1. 经营目标的决策

经营目标是指企业在一定时期内经过努力应达到的经营状况和水平。企业确定的经营目标经过分解，可以成为企业各个部门、各个单位、每个岗位的目标，使企业全体员工都能明确自己的工作目标，更好地努力工作，确保公司目标的实现。

2. 经营方针的决策

经营方针是指根据公司的经营思想，为了达到经营目标，所确定的公司总体或某种重要经营活动应遵循的基本原则。企业确定的经营方针，是企业各项管理工作应当贯彻的准则，是全体员工从事各种经营活动应当执行的原则，可以把员工的智慧、行动纳入一个轨道，拧成一股统一的力量。

3. 经营策略的决策

经营策略是指企业实现经营目标、落实经营计划的具体措施、对策、方法和基本步骤。企业确定的经营策略，可以使企业各项工作按照统一的步调有序地进行。

四、企业经营决策的影响因素

影响企业经营决策的因素较多，但是常见的有如下几种：

1. 环境

不同的环境影响组织活动的选择。比如，在一个相对稳定的市场环境中，企业的决策相对简单，大多数决策都可以在过去决策的基础上作出；如果市场环境复杂，变化频繁，那么企业就可能要经常面对许多非程序性的、过去所没有遇到过的问题。

2. 过去的决策

在大多数情况下，组织决策绝不是在一张白纸上进行初始决策，而是对初始决策的完善、调整或者是改革。组织过去的决策是当前决策的起点；过去选择的方案的实施，不仅伴随着人力、物力、财力等资源的消耗，而且伴随着内部状况的改善，带来了对外部环境的影响。

3.决策者的风险态度

任何决策都存在一定的风险，风险指的是一种不确定性。人们对待风险的态度是不同的，有人喜欢冒险，在多种选择中趋向于选择风险大的方案；而另一些人则不太愿意冒险，在多种选择中趋向于选择风险小的方案。因此决策者的风险偏好对决策的选择就会产生直接的影响。

4.组织成员对组织变化所持的态度

任何决策的制定与实施，都会给组织带来某种程度的变化。组织成员对这种可能产生的变化会表现出抵制或者是欢迎两种截然不同的态度。组织成员通常会根据过去的标准来判断现在的决策，总是会担心在变化中会失去什么，对将要发生的变化产生抵御的心理，则可能给任何新决策、特别是创新决策的实施带来灾难性的后果。为了有效实施新的决策，首先必须做好大量的工作来改变组织成员的态度。

五、企业经营决策的主要方法

（一）定性决策法

主观决策法是一种定性的方法，是指一种凭借个人经验，充分发挥人的创造力对问题进行分析、作出决策的方法。该方法简单易行、经济方便，在日常生活中大量采用的决策方法都是主观决策方法。主观决策法主要有：

1.德尔菲法

德尔菲法是由美国兰德公司命名并首先使用的。这种方法也称为专家意见法或函询调查法，它是对传统专家会议法的改进和发展。它采用匿名通信或反复征求意见的形式，使专家们在互不知晓、彼此隔离的情况下交换意见，这些意见经技术处理后会得出预测的结果。

使用德尔菲法要经过几轮调查：

第一轮，把意见征询表寄给专家小组的成员，请他们填写意见。预测小组收回调查表后，进行初步的统计和计算，发现具有共识性的意见和看法。

第二轮，将第一轮得到的相对比较集中的意见再反馈给每位专家，要求他们以此为参考，重新填写意见。如果他作出的第二轮预测仍与多数人的意见不符，则要求他陈述理由，说明为什么他的意见不同于大多数人的意见。预测工作小组收到调查表后，就要根据新的数据重新进行统计和计算。

第三轮，将第二轮统计结果及有些专家的陈述理由告之每位专家，请他们在这个基础上进行新的预测。

一般来讲，经过三轮或四轮调查后，专家意见将会比较集中，再把最后调查所得到的结果作为专家小组的意见。

2. 头脑风暴法

头脑风暴法是由一群人通过相互启发以尽可能地形成多种方案的一种方法。小组一般由 5～9 人组成，在讨论过程中，鼓励参加者提出各种建议，并禁止对他人想法进行批评，以便各种创新方案不断地被提出。头脑风暴法是激发人们创造性思维的一种行之有效的方法，经常用于决策的方案设计阶段，以获得广泛的、具有创建的新设想。同时，在制定备选方案时还要充分考虑到各方面的制约因素，比如政府法律方面的限制、传统道德观念的限制、管理者本身权力和能力的限制以及技术条件、经济因素等方面的限制。

3. 发散思维法

这是促使人们通过发散思维方式从全新的角度来提出解决问题的方案的方法。在传统的方法中，人们按照标准化的步骤来解决问题：先判断问题、再明确目标、然后提出方案……而发散思维法则鼓励人们摆脱传统的思维方式，从不同的角度去看待问题，提出解决问题的方案。

（二）定量决策法

定量决策法是利用比较完备的历史资料，运用数学模型和计量方法，来预测未来的市场需求。具体方法有三大类：分别是确定型决策方法、不确定型决策方法和风险型决策方法。

1. 确定型决策方法

确定型决策问题的已知条件是确定的，决策者通常可以作出精确的决策。确定型决策方法很多，常见的确定型决策方法有量本利分析法（盈亏平衡分析法）、差量法、线性规划法等，这里主要介绍量本利法。

量本利分析法是产量—成本—利润分析法的简称，它依据与决策方案相关的产品产（销）量、成本与盈利之间的相互关系，来分析决策方案对企业经营盈亏所产生的影响，从而评价和选择方案的一种决策方法。

2. 风险型决策方法

风险型决策也称概率型决策。在风险型决策中，决策者虽不能准确地知道每种决策的后果如何，但可以估计出每一种方案出现的概率。知道了概率及各种条件值，就可以确定每种方案的期望值。概率反映方案成功的可能性，条件值是该方案成功时公司可能获得的利润，期望值是条件值与概率的乘积。

决策者可以根据各个方案的最终期望值的大小来决定其方案的选择。风险型决策通常用于新产品研制和投资决策等方面。

3. 非确定型决策方法

非确定型决策是指方案实施可能会出现的自然状态或者所带来的后果不能作出预计的决策。它通常是凭决策者的主观意志和经验来作决策，因而，不同的决策者，对同一个问题可能有完全不同的方案选择。

第八章 企业营销管理

第一节 营销环境与消费者购买行为分析

任何企业的市场营销活动都不可能孤立地进行，而是在与外界环境的相互联系、相互制约中开展的。环境的变化，既可给企业带来发展的机遇，也能给企业带来威胁和风险。所以，关注并研究企业内外营销环境的变化，把握环境的变化趋势，识别由于环境变化而带来的机会和威胁，是营销人员的主要职责之一。另外，一切市场营销活动都是以市场为中心，在深入研究消费者购买行为的基础之上，企业通过充分调查、掌握市场需求状况，并有效预测其发展趋势的前提下，才能制定有效的营销组合策略。

一、市场营销环境分析

市场营销环境是指影响企业营销活动而又难以控制的各种因素和力量的综合。美国的菲利普·科特勒将其定义为："市场营销环境是由企业营销职能外部的因素和力量所组成，这些因素和力量影响着营销管理者成功地保持和发展同其目标市场客户交换的能力"。市场营销环境按影响范围的大小来分，一般分为微观环境和宏观环境。微观环境指企业、供应商、营销中介、客户、竞争者、公众等对企业营销活动有直接影响的诸因素；宏观环境指影响企业的较大的社会力量，包括政治、经济、人口、自然、科学技术、法律、文化等因素。通过对市场营销环境的分析，一是有助于企业把握市场机会，回避环境威胁；二是使企业的市场营销活动能更好适应市场环境；三是有利于企业开拓新的市场，为营销决策提供依据。

（一）宏观环境

1.政治法律环境

政治法律环境主要是指国家的政治变动引起经济的变化及政府通过法律

手段和各种经济政策来干预社会经济活动。企业的营销活动，受到政治法律环境的制约，所以企业必须注意国家的各种政策和法律法规对营销所造成的影响。在对本国的政治环境进行分析时，企业首先应注意政府的路线、方针、政策的制定和调整，它是根据政治经济形势及其变化的需要而制定和调整的，往往带有扶持或抑制、扩展或控制等倾向性特点，这会直接或间接地影响着企业的营销活动。另外，为了保证本国经济的正常运行，各国都颁布了相应的经济法律和法规来制约和维护企业的活动。我国目前主要的经济法律、法规有《公司法》《合同法》《商标法》《专利法》《产品质量法》《反不正当竞争法》《消费者权益保护法》《广告法》等。政府制定这些法律，有的是为了规范企业行为，保护企业合法权益，有的是为了保护社会和消费者利益。企业在营销过程中要以法律、法规为准绳，熟知法律环境。企业在进入国际市场时，还必须分析研究东道国的政治法律环境，了解国际惯例，避免遭受不必要的损失。

2. 经济环境

影响营销活动的经济因素主要有消费者收入、消费结构、消费者的储蓄和信贷等。市场不仅需要消费者，而且还需要购买力，其中收入因素和消费结构对营销活动影响较为直接。

消费者收入是指消费者个人从各种来源所得到的货币收入。消费者收入主要形成消费品购买力，是社会购买力的重要组成部分。消费者收入的多少还影响着消费者的支出行为模式。所以，考查市场的购买能力首先要考查该市场的消费者收入情况。

消费结构是指各种消费支出占总支出的比重以及各种消费支出之间的比例关系。对此，德国统计学家恩斯特·恩格尔提出了著名的"恩格尔定律"，即家庭的收入越少，用来购买食物的支出比例就越大；随着家庭收入增加，用于购买食物的支出占总支出的比例下降，而用于其他方面的开支（如通信、交通工具、娱乐、教育、保健等）和储蓄所占的比重将上升。随着我国经济的发展和人们收入水平的提高，消费结构出现了明显的变化：由生存需要（衣食为主）转向发展需要（教育、文化娱乐及各种社会服务）。

储蓄状况和信贷条件也会对消费产生较大影响。当收入一定时，储蓄数额增加意味着消费支出的减少，反之，储蓄减少，消费支出增加。储蓄作为潜在的购买力，对未来市场将产生重大影响，一定比例的储蓄是保证未来购买能力的有效手段，但如果储蓄比例过高，会对现实需求和消费产生负面影响，直接导致消费不足和萎缩。消费信贷是消费者凭借个人信用提前取得商品使用权，然后按期归还贷款的消费方式。它实际上是消费者提前支付未来收入，提前消费。消费信贷作为一种新的消费方式，已经成为影响消费者购买力和支出的重要因素。在发达国家，信用消费已经很普遍，而我国信用消费起步较晚，还处于发展的初期，仅限于住房、汽车等少数耐用消费品，这在一定程度上影响了顾客购买能力的提高。

3. 人口环境

人口是构成市场的直接要素，市场就是由具有消费欲望，并有货币支付能力的消费者所组成，购买商品的人越多，市场容量就越大，所以任何一个企业都必须重视对人口环境的研究。研究人口环境的主要内容有以下几方面：一是人口数量与增长速度，世界人口总量已突破62亿大关，2005年1月6日，我国第13亿个公民降生。从短期来看，世界人口依然有较快的增长。企业营销者应充分了解人口数量及其增长，发现其现实与潜在的需要，把握商机，开拓市场。二是人口结构，人口的结构主要包括人口的年龄结构、性别结构、家庭结构和社会结构等。三是人口的流动性，随着社会分工和市场经济的发展，也随着各国工业化和城市化的发展，世界各国人口的流动性加大，人口从农村流向城市，从不发达地区流向发达地区。这种人口流动趋势影响着不同地区市场需求量，影响着企业的市场营销活动，也影响了商业网点的发展和服务方式的变化。

4. 技术环境

技术是一把双刃剑，一方面新技术革命能为企业带来市场营销机会，另一方面也给企业带来了巨大的压力，并且改变了企业生产经营的内部因素和外部环境，引起了企业市场营销策略的变化。新技术革命始终以渗透的方式改变着人类生活，在这种渗透过程中，促使企业的市场营销不断创新以适应技术环境的改变。例如，由于电子技术和互联网的迅速发展，企业在营销中创造了"网络购物"的在线购物方式。而网络购物方式的出现，不仅改变了零售商业格局，也深刻地影响了消费者的购物习惯。此外，一项新的科学技术的出现必然会导致一个新的产业部门的产生，使消费对象的品种不断增加，范围不断扩大，又必然使消费结构发生变化。近年来以航天技术、网络技术、生物工程等新兴科学技术为代表的技术的迅猛发展，促使社会生产方式、人们思维方式以及消费习惯等发生了历史性的转变，新技术革命必然会给市场营销带来深刻的影响。

5. 自然环境

企业营销的自然环境，是指影响企业生产和经营的地质、地形、资源、气候等因素。在自然环境分析中，要深入研究资源短缺对企业营销的影响，地球上的自然资源有三大类：第一类是取之不尽的资源，如阳光、空气等；

第二类是有限但可更新资源，如各种生物资源及水、土地等；第三类为不能更新的资源，如石油、煤、铁等各种矿产资源。几十年后，人类将可能面临全面的资源危机，对市场营销者来说，当务之急应做到两点：一是科学开采，综合利用，减少浪费，不断开发新的替代资源，如太阳能、核能及各种新材料；二是使企业的营销活动与环境保护有机协调。当前工业污染日益成为全球性的严重问题，大气污染、水污染和噪声等使人类的居住环境日益恶化，要求控制污染的呼声越来越高，营销学界也提出"绿色营销"观念，以此来确定自己的营销方向及营销策略，这标志着企业营销活动正在向可持续发展转变。

6. 社会文化环境

每个人都生活在一定的社会文化环境中，他的思想和行为必定要受到这种社会文化的影响和制约。消费者的欲望根植于文化与个性，所以研究社会文化环境，是市场营销研究的一个重要起点。社会文化环境包括价值观念、教育水平、消费风俗、审美情趣等。价值观念是指人们对社会生活中各种事物的态度和看法。价值观念的形成与消费者所处的社会地位、心理状态以及对变革的态度、对生活的态度等有关。不同国家和民族，其价值观念往往有很大的差别。我国普遍有节俭的美德，而西方国家的人，比较注重现实生活的舒适和生活质量，强调"及时行乐"。价值观念不同，必然带来消费者对商品需要和购买行为上的差异。因此，对于不同价值观念的消费者，企业营销人员必须采取不同的营销策略。

教育水平的高低，不仅直接影响着人们的消费行为和消费结构，而且制约着企业的市场营销活动。风俗习惯是人们在特定的历史条件下长期形成的风尚、习俗、礼节等行为规范的总和。它体现在饮食、服饰、居住、婚丧、节庆及生活习惯等多方面。不同的文化具有不同的风俗习惯，对市场营销也带来不同影响。例如，欧美人喜欢喝咖啡，而中国人习惯饮茶，故中国茶叶市场巨大，咖啡市场相对较小。

最后，审美观是文化的重要组成部分，通常指人们对事物的好坏、美丑和善恶的评价。不同国家、民族、阶层和个人，往往有不同的审美观。企业的营销者应注意人们审美观的差异，提供能满足人们对美的追求的产品和服务。比如时尚的少男少女追求标新立异的服饰或发式，而年老者在这些方面的消费选择相对保守。

（二）微观环境

企业微观环境是指直接影响企业营销能力的各种参与者，包括企业内部、供应商与营销中介、客户、竞争者和公众。微观环境对企业市场营销行动产生更为直接的影响，通过对微观环境的分析，可以明确企业的优势和薄弱环节，从而在市场营销组合决策中充分利用企业的有利条件，采取有效的管理措施。

1. 企业自身状况

任何企业的市场营销活动都不是某个部门的孤立行为，而是企业整体实力与能力的体现，是企业内部各部门科学分工与密切协作的组织行为。企业的营销部门同企业其他部门发生着各种联系，企业营销部门要面对决策层和许多其他职能部门。企业各管理层之间分工是否科学，协作是否和谐，都会影响营销管理决策和方案的实施。营销部门在制定营销决策时，首先要争取企业决策层的理解和支持，使营销计划能在决策层的推动下得以实施；同时，要充分考虑财务、研发、采购、生产等部门的情况，并与之共同研究制定和完善营销计划，通过相互协作实施计划，才能保证营销活动顺利开展和营销目标的实现。

2. 客户

客户是企业营销环境因素中最重要的环境力量。客户通常是指与企业有着业务关系或利益关系的组织或个人，也就是通常所说的用户或消费者。客户可以是消费者、生产者、中间商、集团用户、政府机构、国际组织、机构或个人、家庭。企业与客户的关系实质上是一种生产与消费的关系。客户是企业营销活动服务的对象，企业营销的目的是为了满足客户的需要。客户及其需求是企业生产经营活动的出发点和归宿，是企业生产经营决策的根本依据，谁能赢得客户，谁就赢得了市场。企业必须认真分析研究不同客户群的特点及购买行为，使企业的营销活动具有针对性。

3. 供应商与营销中介

供应商是专门提供市场所需资源的企业和个人，营销中介一般是指中间商，指在促销、销售以及把产品转移到最终购买者的过程中而给企业以帮助的所有单位和个人，如从事商品购销活动的经销商、代理商，为商品交换和物流提供便利的各种服务商（包括银行、保险、财务公司、广告公司、仓储、运输等），这些都是企业开展营销活动的伙伴和必要条件，是企业市场营销活动中不可缺少的中间环节，多数企业的营销活动都需要上述机构的协助才能顺利进行。

4. 竞争者

企业的营销活动会受到各类竞争者的影响，一个企业要想获得成功，就必须比竞争对手做得更好，在消费者心里留下比竞争者更有优势的印象，让顾客更满意。菲利普·科特勒将企业的竞争环境分为四个层次：欲望竞争，指消费者想要满足的各种欲望之间的可替代性；类别竞争，表示满足消费者某种欲望的各种方法之间的可替代性；产品形式竞争，即在满足消费者某种欲望的不同产品形式之间的竞争；品牌竞争，即在满足消费者某种欲望的同种产品中不同品牌之间的竞争。在这四个层次的竞争中，品牌竞争是最常见、最外在的，一个成功的企业不应仅仅满足于品牌层次的竞争，也应关注其他层次的竞争者。

5. 公众

公众是指对本组织实现其营销目标具有实际或潜在利益关系或影响的群体。企业公众相当广泛，包括政府公众、媒介公众、金融公众、群众团体公众、地方公众、一般公众、企业内部公众等。企业的营销活动会影响公众的利益，也会影响企业在公众心目中的形象，公众对企业的印象反过来影响企业营销活动的效果。例如，一个对周边环境造成严重污染的企业，会引起当地公众的反感、媒体的批评、政府有关部门的制裁、金融机构的借贷等一系列连锁反应。因此，一个成功的企业应该考虑如何主动地处理好与主要公众的关系，而不是推卸社会责任或对公众采取冷漠的态度。

二、消费者购买行为分析

消费者市场是指为满足生活消费需要而购买货物和劳务的一切个人和家庭。无论是生产企业还是商业、服务企业，无论是否直接为消费者服务，都必须研究消费者市场及其购买行为，必须深入研究消费者市场需求的特点和消费者行为模式，以消费者的需求为依据来制订营销方案，尽可能满足消费者需求，才能在竞争中取胜。

（一）消费者购买动机

1. 消费者购买动机的含义

动机，原是心理学中的一个术语，是指推动人们从事某种活动的内在机能，它由需要引发，并支配着行为。消费者购买动机，是指能够引起消费者购买某一商品或服务的内在动力，它是购买行为的原因和条件。消费者购买动机是购买行为的先导，行为决定于动机，动机来源于需要。但是，不能反过来说：有某种需要，就一定产生某种动机，有某种动机，就一定发生某种行为。因为一个人同时可能存在多种需要，不是每一种需要都产生动机，也不是每一种动机都引起行为。动机之间不但有强弱之分，而且有矛盾和冲突，只有最强烈的动机，即"优势动机"才能导致行为。例如，一个人得到一笔钱，既想买电脑，又想买手机，还想去国外度假等等，最后决定行为的只能是那个最强烈的需要和动机。

2.消费者动机的类型

动机是由需要产生的，人的需要有多种多样，动机也就有多种多样。各种动机错综复杂，常常交织在一起。在实际生活中，由于消费者各自的需要、兴趣、爱好、性格和价值观的不同，在具体购买时的心理活动要复杂得多。一般比较常见的购买动机大致可归结为如下几种：

（1）求实动机

这是以注重商品的实际使用价值为主要特征的购买动机，具有这类动机的消费者在购买商品时，讲究商品的内在质量、实际效用，而不太注意商品的外观和品牌。

（2）求廉动机

它是指消费者以追求商品、服务的价格低廉为主导倾向的购买动机。在求廉动机的驱使下，消费者选择商品以价格为第一考虑因素。他们宁可多花体力和精力，多方了解、比较产品价格，选择价格便宜的产品。相对而言，追求廉动机的消费者对商品质量、花色、款式、包装、品牌等不是十分挑剔，而对降价、折让等促销活动持有较大兴趣。

（3）求名动机

这是以追求名牌高档商品为主要特征的购买行为。这类消费者特别注重商标、产地和产品在社会上的形象。这其中有些人是信赖名牌产品的质量；也有些人是为了炫耀自己的财富，满足优越感的心理需要。

（4）求新动机

它是指消费者以追求商品、服务的时尚、新颖、奇特为主导倾向的购买动机。在这种动机支配下，消费者选择产品时，特别注重商品的款式、色泽、流行性、独特性与新颖性，相对而言，产品的耐用性、价格等成为次要的考虑因素。一般而言，在收入水平比较高的人群以及青年群体中，求新的购买动机比较常见。

（5）求美动机

它是指消费者以追求商品欣赏价值和艺术价值为主要倾向的购买动机。在这种动机支配下，消费者选购商品时特别重视商品的颜色、造型、外观、包装等因素，讲究商品的造型美、装潢美和艺术美。求美动机的核心是讲求赏心悦目，注重商品的美化作用和美化效果，它在受教育程度较高的群体以及从事文化、教育等工作的人群中是比较常见的。

（6）求便动机

它是指消费者以追求商品购买和使用过程中的省时、便利为主导倾向的购买动机。在求便动机支配下，消费者对时间、效率特别重视，对商品本身则不是十分挑剔，一般而言，成就感比较高、时间观念比较强的人，更倾向于持有求便的购买动机。

（7）模仿或从众动机

它是指消费者在购买商品时自觉不自觉地模仿他人的购买行为而形成的购买动机。模仿是一种很普遍的社会现象，其形成的原因多种多样，有出于仰慕而产生的模仿；有由于惧怕风险、保守而产生的模仿；有的缺乏主见，随大流而产生的模仿。不管缘于何种理由，持模仿动机的消费者，其购买行为受他人影响比较大。

（二）影响消费者购买行为的主要因素

消费者行为取决于他们的需要和欲望，而人们的需要和欲望以至消费习惯和行为，是在许多因素的影响下形成的。这些因素属于不同的层次，对消费者行为的影响程度也不同，影响最深远的是一个民族的传统文化，它影响到社会的各个阶层和家庭，进而影响到每个人的行为及心理活动，总的来看，影响消费者购买行为的因素主要包括心理因素和外部因素两大类。

1. 心理因素

影响消费者购买行为的心理因素，除了由需要引起动机这一最重要因素外，还有知觉、学习以及信念和态度等因素。知觉是指消费者感官直接接触刺激物所获得的直观的、形象的反映，属于感性认识。任何消费者购买商品，都要根据自己的感官感觉到的印象，来决定是否购买。由于不同消费者对同一商品（或商店）的印象可能有很大差别，因而所形成的知觉也有很大差异。消费者在购买和使用商品的实践中，逐步获得和积累经验，并根据经验调整购买行为的过程，称为学习。人类的行为有些是本能的，与生俱来的，但大多数行为（包括消费行为）是从后天经验中得来的，即通过学习、实践得来的。信念是指人们对事物所持的认识。消费者对商品的信念可以建立在不同的基础上，有的建立在科学的基础上，有的建立在某种见解的基础上，有的建立在信任（如对名牌）的基础上，有的则可能基于偏见、讹传。不同的信念可导致人们不同的态度、不同的倾向，如消费者对名牌商品争相选购，而对不熟悉的新产品则犹豫迟疑，很难作出购买决定。消费者形成对某种产品或商标的态度，往往不易改变，企业应设法迎合消费者持有的态度，也要努力去改变消费者的态度。

2. 外部因素

（1）个人因素

消费者购买决策受其个人特性的影响，特别是受其年龄所处的生命周期阶段、职业、经济状况、生活方式、受教育程度、个性以及自我观念的影响。消费者的能力、气质、个性等对购买活动都有很大影响。消费者的能力强完成购买活动就快，消费者的能力差完成购买活动就慢。营销人员对于能力较强的购买者不需过多帮忙，而对于能力较差的购买者则要当好参谋，帮助其选择商品。在消费者气质方面，易于冲动的人和沉默寡言的人在购物时表现的行为不一样，营销人员一定要注意利用消费者特征的积极方面，控制其消极的一面，以达到消费者的满意。在消费者性格方面，自信和缺乏自信、冷静和冲动的消费者在购物时表现的行为也不一样。企业营销人员只有掌握了消费者的个性心理规律，根据消费者心理活动的不同特点，运用多种营销方式和接待方法，才能提高经营水平和服务质量。

（2）经济状况

经济状况主要指个人可任意支配的收入水平，它是决定消费者购买行为的根本因素。如果消费者仅有购买欲望，而无一定的收入作为购买能力的保证，购买行为便无法实现。只有既有购买愿望，又有购买能力，才能实现购买行为。

（3）文化因素

文化因素制约着消费者的道德规范、价值观念、思维方式与风俗习惯等各个方面。文化因素是影响消费者行为的基本因素，文化的影响是潜移默化的。中国人有属于自己的文化体系，美国、德国以及其他国家也有属于自己的文化体系。不同的国家和地区由于文化背景不同，消费者的需要也各不相同，最终的消费行为也就不同。

（4）社会因素

消费者受社会因素的影响范畴比较广，包括家庭、所处社会角色和地位以及相关群体等。一般认为，相关群体的影响相对较小，家庭的影响是最大的。

（三）消费者购买决策过程

消费者在各种主客观因素影响下形成动机，导致行为。消费者行为表现为购买商品，购买者作出决策并非一种偶然发生的孤立现象。购买者在实际购商品之前，必然会有一系列的活动，购买之后还要产生购后感受。购买者完整的决策过程是以购买为中心，包括购前购后一系列活动在内的复杂的行为过程。具体说来，购买者决策过程一般可分为以下五个阶段。

1.引起需要

引起需要是消费者行为的起点。当消费者感觉到一种需要并准备购买某种商品以满足这种需要时，购买决策过程就开始了。这种需要可能是由内在的生理活动引起的；也可能是受到外界刺激引起的，如广告宣传或促销；或者是内外两方面因素共同作用的结果。营销人员必须了解消费者的需要，制定适当的市场营销策略满足消费者的需要。

2.搜集信息

消费者的购买动机一旦形成，他们就会积极寻找产品的信息资料，以便从中选择最能满足需要的产品。消费者的信息来源主要有以下几个途径：（1）相关群体；（2）自身经验；（3）市场信息；（4）公众媒体。这其中，市场信息和公众媒体传播信息最为重要，对消费者影响最大。

3.评估比较

消费者广泛搜集信息资料后，就会根据掌握的信息资料对所需商品的各个方面进行比较评价，从中选择一种满意的方案。

4.购买决策

消费者经过比较评价后将要做出购买决定，这时他们还要综合考虑一些相关问题：（1）商品本身的特点；（2）消费者的经济条件；（3）消费者对购买对象的需求程度；（4）他人的态度；（5）服务态度等。综合考虑以后，才会作出是否购买的决定。

5.购买后感受

购后感受是消费者对已购商品通过自己使用或他人的评价，对满足自己预期需要的反馈，重新考虑购买这种商品是否正确，是否符合理想等，从而形成感受。这种感受，一般表现为满意、基本满意、不满意三种情况。消费者购买商品后感到满意会导致重复购买行为；消费者购买商品不满意就会产生抱怨情绪，不仅不再购买该商品，而且还会把抱怨告诉他人。因此，企业必须重视消费者购买后的信息反馈，做好售后服务，不断提高产品质量和服务质量，提高消费者购买后的满意程度。

第二节 目标市场营销

一、市场细分

（一）市场细分的概念

市场细分的概念是美国的温德尔·斯密（Wendell.R.Smith）于 20 世纪 50 年代中期提出来的。所谓市场细分是指企业通过市场调研，根据消费者需求、购买行为和购买习惯的差异性，将整体市场划分成若干个具有共同特征的子市场的过程。因此，分属于同一细分市场的消费者的需求和欲望极为相似；分属于不同细分市场的消费者对同一产品的需求和欲望存在着明显的差别。

市场细分是以顾客为中心，按照顾客需求的差别来进行市场细分的，它能更深刻、更细致地识别某一具体市场顾客的需求，其目的是要在整体市场中寻找对企业最有利的细分市场，确定企业自身的市场定位，从微观角度为企业提供市场营销科学决策的依据。市场细分的客观基础一是消费者需求的相似性；二是企业资源的有限性和市场的竞争性。

（二）市场细分的意义

1.有利于选择目标市场和制定营销策略

市场细分后的子市场比较具体，比较容易了解消费者的需求，企业可以根据自己的经营思想、方针及生产技术和营销力量，确定自己的服务对象，即目标市场。针对着较小的目标市场，便于制定特殊的营销策略。同时，在细分的市场上，信息容易了解和反馈，一旦消费者的需求发生变化，企业可迅速改变营销策略，制定相应的对策，以适应市场需求的变化，提高企业的应变能力和竞争力。

2.有利于发掘市场机会，开拓新市场

通过市场细分，企业可以对每一个细分市场的购买潜力、满足程度、竞争情况等进行分析对比，发现有利于本企业的市场机会，使企业及时作出投产或根据本企业的生产技术条件编制新产品开发计划，进行必要的产品技术储备，掌握产品更新换代的主动权，开拓新市场，以更好地满足市场的需要。

3.有利于提高营销资源的利用率

企业通过集中将人、财、物和信息等资源投入目标市场，更易取得市场营销成功，这点对于那些资源有限的中小型企业来说至关重要。

4.有利于企业提高经济效益

市场细分后，企业了解了各细分市场的需求差异以及市场潜力大小，就能使营销策略更具针对性减少盲目性，避免不必要的经营资源浪费。通过市场细分，企业可以针对自己的目标市场不断开发新产品，生产适销对路的产品，既能满足市场需要，又可增加企业的收入，全面提高企业的经济效益。

（三）市场细分标准

市场细分能否有效地进行很大程度上取决于细分标准的选择，营销者可以根据不同的细分标准将整个市场划分成多个细分市场或子市场。消费者市场细分的立足点是为了识别消费者需求的差异性，因此，细分市场的标准只能依据消费者自身的不同特性来确定。由于消费者人数众多，每个·消费者的需求随其环境和时间的变化而变化，因此，在一般情况下对消费者市场细分只能从静态上进行，难以做到动态地完全把握和彻底细分。消费者市场细分标准是根据影响消费者需求的四大因素，即地理、人文、心理和行为来制定的。

1. 地理因素

按地理因素进行细分，就是依据消费者所处的不同地理区域进行细分，如不同国家或地区、省市、城市、乡村等。由于所处地理区域不同，消费者会形成不同的习惯和偏好。地理因素是企业常用的一个因素，也是最明显、最容易掌握的一个因素。此外，不同的地形地貌、气候条件等也会形成不同的消费需求，如干燥地区与潮湿地区、严寒地区与温暖地区在防潮用品和御寒用品的需求上有很大的不同。

2. 人文因素

总体市场以不同消费者和家庭需求为载体，因年龄、性别、职业、收入、宗教信仰以及国籍、民族等人文因素的差别，形成一个个有差别的消费群体。不同消费群的偏好、购买力和需求重点不同，同一消费群中的不同消费者，既有共性，又有个性和差别，但其共性大于特性。

3. 心理因素

按心理因素细分市场就是根据消费者的生活方式、个性、心理动机等对市场进行细分。

（1）按消费者生活方式细分

生活方式是指个人或群体对消费、工作和娱乐的特定习惯。人们追求的生活方式不同，消费倾向不同，需要的商品也就不同。可将消费者分为紧追潮流者、享乐主义者、因循守旧者等，据此来确定目标市场及营销策略。

（2）按消费者个性细分

消费者的个性表现为一种稳定的心理特征，千差万别，表现各异，不同的个性会对消费者的需求和购买动机产生不同程度的影响。

（3）按消费者心理动机细分

动机是个体发动和维持其行为的一种心理机制，是驱使消费者实现个人消费目标的一种内在力量。心理动机分为求实动机、求名动机、求廉动机、求新动机、求美动机等，也可作为企业细分市场的标准。

（4）社会阶层

每个人都客观地生活在不同的社会阶层中。一个人所处的社会阶层通常是其职业、教育、收入和价值观诸因素共同作用的结果。不同的社会阶层具有不同的价值观念、不同的生活方式及不同兴趣爱好，因而具有不同的购买心理和购买行为。如上层的消费者在购买商品时注重品牌，讲究消费品位，对价格不太敏感。

4. 行为因素

行为细分依据消费者购买行为的分类和差别，可以从购买时机、追求的利益、使用状况、更新频率以及态度、忠诚度等具体标准出发，将总体市场逐一细分。

二、目标市场选择

所谓目标市场，是指在市场细分的基础上，企业决定要服务的最佳细分市场，即企业的产品和劳务所要满足的特定消费者群。目标市场选择，就是从细分出的众多子市场中选择其中一个或几个细分市场作为自己经营和服务的对象，选择目标市场是企业制定营销策略的出发点。

（一）评估细分市场

企业在对整体市场进行细分之后，要对各细分市场进行评估，然后根据细分市场的规模、发展潜力、竞争状况、本企业资源条件等多种因素，决定把哪一个或哪几个细分市场作为目标市场。一般而言，企业评估细分市场应考虑以下几点：

1. 有适当的规模；

2. 有一定的发展潜力；

3. 竞争对手末完全控制的市场；

4. 符合企业目标和资源。

（二）选择目标市场

企业在对不同细分市场进行评估后，就必须对进入哪些细分市场和为多少个细分市场服务作出决策。企业考虑的目标市场选择模式一般有以下五种：

1. 产品市场集中化，企业只生产某一型号、规格的产品，满足某一群体的需求；

2. 产品专业化，企业只生产某种类型（规格）的产品去满足不同类型消费者的需求；

3. 市场专业化，它是指企业生产不同类型、规格的产品去满足某一固定的消费群体的需求；

4. 选择性专业化，企业同时生产不同类型和规格的产品，去满足不同类型消费者的需求；

5. 全面进入，企业为所有消费者生产各种类型的产品，以满足不同消费者的需要。

三、市场定位

（一）市场定位的含义

所谓市场定位，就是根据所选定目标市场上的竞争者现有产品所处的位置和企业自身的条件，强有力地塑造企业或产品的特色，树立一定的市场形象，以求在目标顾客心目中形成一种特殊的偏爱，占据一定的心理位置。这种特色和形象可以从产品实体方面体现出来，如形状、构造、成分等；也可以从消费者心理上反映出来，如舒服、典雅、豪华、朴素、时髦等；或者由两方面共同作用而表现出来，如价廉、优质、服务周到、技术先进等。市场定位的实质就在于取得目标市场的竞争优势，确定产品在顾客心理的适当位置并留下值得购买的印象，以便吸引更多的顾客。因此，市场定位是企业市场营销战略体系中的重要组成部分，它有利于形成企业及其产品的市场特色，限定竞争对手，满足顾客的偏好，提高企业竞争力。

（二）市场定位的类型

1. 迎头定位

这是一种与在市场上处于支配地位的竞争对手针锋相对的定位方式，即企业选择与竞争对手重合的市场位置，争取同样的目标顾客，彼此在产品、价格、分销渠道等方面少有差别。实行迎头定位，企业必须做到知己知彼，应该了解市场上是否可以容纳两个或两个以上的竞争对手，自己是否拥有比竞争对手更多的资源和能力，是不是可以比竞争对手做得更好。否则，迎头定位可能会成为一种非常危险的战术，将企业引入歧途。

2. 避强定位

这是一种避开强有力的竞争对手进行市场定位的模式。企业不与对手直接对抗，而将自己置于某个市场"空隙"，发展目前市场上没有的特色产品，开拓新的市场领域。这种定位的优点是：能够迅速地在市场上站稳脚跟，并在消费者心中尽快树立起一定形象。由于这种定位方式市场风险较小，成功率较高，常常为多数企业所采用。

3. 重新定位

重新定位通常是指对那些销路少、市场反应差的产品进行二次定位。初次定位后，随着时间的推移，新的竞争对手进入市场，选择与本企业相近的市场位置，致使本企业原来的市场占有率下降；或者由于顾客需求偏好发生转移，原来偏爱本企业产品的顾客转而喜欢其他企业的产品，因而市场对本企业产品的需求减少。在这些情况下，企业就需要对其产品进行重新定位。一般而言，重新定位是企业为了摆脱经营困境，重新获得竞争力的手段。不过，重新定位也可以作为一种主动的战术策略，并不一定是因为企业陷入了困境，相反，可能是由于发现新的需求或市场机会采取的积极行为。

（三）市场定位策略

1. 属性定位策略

根据特定的产品属性来定位，产品属性包括制造该产品时采用的技术、设备、原材料及该产品的功能、产地、历史等因素。例如，西湖龙井茶按产地定位。当企业的一种或几种属性是竞争对手的产品所不具备时，企业定位就应强调这些特征。

2. 竞争性定位策略

根据与竞争对手有关的属性或利益来定位，即以竞争产品为参照，强调"人无我有，人有我优"。例如，美国的七喜汽水强调"非可乐"，不含咖啡因。

3. 质量—价格定位策略

这是指对照质量和价格来定位。例如采取高质低价定位，强调物超所值，以加速市场渗透，提高产品的市场占有率。

4. 利益定位策略

这是指根据产品所能满足的需求或所提供的利益及解决问题的程度来定位，强调顾客购买产品时追求的利益和获得的附加价值。例如，在汽车市场上，"奔驰"追求豪华舒适，"丰田"诉求物美价廉，"沃尔沃"倡导结实耐用等，这些按产品提供的利益来定位的策略都较为成功，促进了产品销售。

5. 使用者定位策略

将其产品指向某一类特定的使用者，以根据这些顾客的看法塑造恰当的产品形象。如"金利来"定位为"男人的世界"，意指主要使用者为男性消费者。

6. 比附定位策略

这是指企业通过比拟名牌、攀附名牌来给自己的产品定位，以借名牌产品提升自己产品的品牌的定位策略。例如，内蒙古的宁城老窖，以"宁城老窖，塞外茅台"的诉求定位，就是一个较好的例子。

第三节 市场营销组合策略

市场营销组合策略，就是指企业可以控制的各种市场手段的综合运用，即综合地运用产品策略（Product）、价格策略（Price）、渠道策略（Place）、促销策略（Promotion）等各种可能的手段，来实现企业市场营销战略的总目标，简称 4Ps 组合策略。

市场营销组合是现代市场营销学中一个十分重要的概念。这一概念的提出和应用从整体上满足了消费者需求，追求了整体营销效果，体现了以消费者需求为中心的现代市场营销观念。它要求企业用最适合的产品，以最适宜的价格，通过最便利高效的渠道，采用最适当的促销手段，尽可能满足目标市场的需求，以取得最佳的经济效益。

一、产品策略

（一）产品整体概念

产品是企业生存和发展的基础，是营销活动的载体，通过它才能使生产者和消费者双方达到交换的目的。企业没有合适的产品，则满足顾客需求就无法实现，因此产品策略是企业营销策略的基础。传统看法认为产品是指具有某种特定物质形状和用途的物体，即实体的产品。从市场营销的观点看，任何能满足人类某种需要或欲望的东西都是产品，产品的这种概念就称为产品的整体概念。

产品整体概念把产品理解为由核心产品、形式产品、期望产品、延伸产品和潜在产品五个层次组成的一个整体。核心产品，是指向购买者提供的基本效用或利益。形式产品，是指核心产品借以实现的形式，在市场上它表现为五个特点，即质量水平、特色、式样、品牌和包装。延伸产品，是指顾客购买形式产品时所能得到的全部利益，即形式产品所提供的基本效用或利益和随同形式产品而提供的附带服务的总和，如安装、维修、质量保证、运送及其他售后服务。期望产品是购买者购买产品时希望和默认的一组属性和条件。潜在产品是该产品最终可能会实现的全部附加部分和新转换的部分。

（二）产品生命周期理论

产品在市场上的销售状况及获利能力随着时间的推移而变化。这种变化的规律像有机生命体一样，具有诞生、成长到成熟，并走向衰亡的过程，这个过程在市场营销中指产品从进入＋场开始，直到最后在市场中淘汰的过程，我们称之为产品的生命周期。产品生命周期由四个阶段组成，即：投入期、成长期、成熟期、衰退斯。在这里，必须强调，产品生命周期不是指产品的使用寿命，而是指产品在市场上存在的时间，即市场寿命。在整个生命周期中，销售额及利润额的变化随时间推移而波动。

（三）产品组合策略

企业从满足市场需求和获取利润的角度考虑，一般不只经营一个产品项目，而要同时经营多个产品项目。企业生产和销售的全部产品项目的结构就称为产品组合。

产品组合是由产品线构成的。产品线是由使用功能相同、但规格不同的一组产品项目所构成的。产品组合体现为一定的宽度、深度和关联度。产品组合的宽度是指企业经营的产品类别即产品线数目的多少。产品组合的深度，是指企业经营的各产品线内的平均项目的多少。产品组合的关联程度，是指各种产品线在最终用途、生产条件、分销渠道及其他方面相互联系的程度。

产品组合策略，就是根据市场需求和企业目标，对产品组合的宽度、深度和关联程度进行决策。在一般的情况下，扩大产品组合的宽度、增加产品线的深度和加强产品组合的关联程度，可以使企业降低投资风险，增加产品的差异性，适应不同顾客的需求，从而提高企业整体竞争力。

（四）新产品开发

1.新产品的含义

所谓新产品，是指对企业老产品而言的产品。对于新产品，各个地区和各个国家都有不同的规定。通常我们将已正式投入生产并受到市场欢迎的那些在结构、性能、材质、制造工艺等一方面或几方面比老产品有显著改进或提高的产品称为新产品。新产品具有广泛的含义，从产品整体概念来理解，新产品不一定是新发明的产品。市场营销中所讲的新产品同科技发明意义上的新产品的含义也不完全相同。营销理论中强调消费者的观点，认为凡是消费者认为是新的、能从中获得新的满足的、可以接受的产品都在新产品之列。除此之外，对构成产品三个层次中某个因素的变化或改动，有时尽管变化很微小，都有可能产生新产品。再者，有时企业对市场已有的产品进行仿制，

但不是原封照搬，而是做些更改，也可以称为新产品。一个新上市的产品能否正式成为新产品，其衡量标准的关键在于该

产品能否带给消费者新的消费利益，使消费者需要得到新满足。

2. 新产品的种类

（1）全新的新产品，也称新发明产品

它是指企业首次采用新原理、新技术、新材料、新结构制成的前所未有的产品。这是绝对的新产品，与现有产品毫无雷同之处。例如，汽车、电话、飞机、尼龙、复印机等产品的问世，都是全新产品的诞生。这种新产品要依赖于科学技术的重大发明，它的使用会改变消费者或用户的生产方式和生活方式，一般的企业是不易提供的，因为它既需要技术、资金的保证，又需要承担巨大的投资风险。

（2）换代新产品，即革新现有产品

它是指在原有产品的基础上，部分采用新技术、新材料、新工艺，使产品的性能有显著提高的产品。换代新产品的技术含量较高，在原有产品的基础上提高较大，它是新产品开发的重要形式。例如，电子计算机自问世以来，经历了电子管—晶体管—集成电路—大规模集成电路的发展阶段，现正在开发第五代人工智能计算机，每一代产品也都是新产品。

（3）改进新产品，即改变现有产品

它是指对现有产品在结构、材料、性能、款式、包装等方面进行改变，由基本型派生出来的改进型产品。改进新产品技术含量低或不需要新技术，是企业依靠自己的力量最容易开发的新产品。如由普通牙膏进而开发出药物牙膏等，都属于这种改进新产品。改进新产品进入市场后，比较容易被消费者接受，但竞争对手也极易仿制，所以竞争比较激烈。

（4）仿制新产品，也称本企业新产品或新牌子产品

它是指企业对市场上已有的某种畅销产品进行仿制，只是标出新牌子的产品，或者是市场上已有而本企业第一次模仿制造的产品。如市场上经常出现的新牌子的服装、洗衣机等。这类新产品开发周期短，风险也较小，只要有市场需求，又有生产能力，就可借鉴现成的样品和技术来开发本企业的新产品。

新产品开发是一个复杂的过程，一般要经过几个阶段，其一般程序是：构思—筛选—产品设想—可行性分析—产品研制—市场试销—投放市场。新产品开发能力是企业竞争能力的重要组成部分，影响着企业经营活动的成败。同时，新产品开发又是一项艰巨而复杂的工作，它不仅需要投入大量的资金，而且还要承担巨大的风险。

二、价格策略

（一）价格的概念

价格是市场营销组合中一个非常敏感的重要因素，它在很大程度上决定和影响着其他市场营销组合因素。所谓价格就是商品价值的货币表示。企业的定价策略既要有利于促进销售，获取利润，补偿成本，同时又要考虑顾客对价格的接受能力，从而使定价具有了买卖双方双向决策的特征。

在市场营销活动中，企业的定价工作受到各种因素的影响和制约，其中尤以定价目标、市场需求、竞争者行为、成本和公共政策等因素对价格的确定具有十分明显的影响作用。

（二）定价方法

企业可以采用的定价方法是多种多样的，但是，定价方法选择是否正确合理，直接关系到定价目标的实现和企业营销成果的大小，因此，企业必须选择最佳的定价方法。目前一般采用的定价方法主要有成本导向、需求导向和竞争导向定价法等三类。

1. 成本导向定价法

任何企业都不能随心所欲地制定价格，从长远看，产品的销售价格都不得低于成本费用，只有这样，才能以销售收入来抵偿生产成本和经营费用并获得合理利润，否则就无法经营。

2. 需求导向定价法

以需求为中心的定价方法是根据市场需求强度和顾客反应来确定价格。市场需求强度是指顾客想获取某种商品的强烈或迫切程度。对于单位成本相同的同一产品，需求量大时价格定得高些，需求量小时价格定得低些，以促进销售活动。当然这种定价方法要根据需求价格弹性的变化、顾客心理、地域差别和时间差别等综合考虑。

3. 竞争定价法

以竞争为中心的定价法是以竞争者的售价作为企业定价依据的一种方法。它不是根据成本或需求来定价，而是随竞争者的价格的变动而变动。采用这种方法，要分析研究竞争者的产品价格、质量、性能、服务和声誉等情况，对照本企业的实际情况，通过比较，来制定价格。

三、分销渠道策略

（一）分销渠道的含义

分销渠道是指企业的商品和服务从生产者向消费者转移过程中取得这种货物和服务的所有权或帮助转移其所有权的所有企业和个人。这些营销中间机构中，有的（如批发商或零售商等）买进商品，取得商品的所有权，然后再将商品出售出去，他们被称为买卖中间商；有的（如经纪人、代理商等）则帮助生产者寻找顾客，有时也代表生产厂商同顾客进行谈判，但他们没有取得商品的所有权，这些被称为代理商，还有一些（如运输企业、独立仓储、银行和广告代理商等）则支持分销活动，他们既不取得商品的所有权，也不参与买或卖的谈判，被叫作辅助机构。分销渠道具有以下特征：

1.分销渠道主要是由参与商品流通过程的各种类型的机构组成的。通过这些机构网络，产品才能从生产者流向最终消费者或用户，实现其价值。

2.分销渠道的起点是生产者，终点是消费者。

3.在商品从生产者流向最终消费者或用户的流通过程中，最少要经过一次商品所有权的转移。

4.分销渠道并不是生产者和中间商之间相互联系的简单结合，而是企业之间为达到各自或共同目标而进行交易的复杂行为体系和过程。

（二）分销渠道的职能

1.联结产销

分销渠道一头连着生产，一头连着消费，它就像一座桥梁，把生产者和消费者联结在一起。

2.沟通反馈信息

为了保证商品的适销对路和有效流动，分销渠道必然时刻努力搜集、传播和反馈各类信息，了解现实和潜在的产品销售情况、市场供求的变化，以及顾客、竞争对手及其他市场要素的动态信息等。

3.促进销售

分销渠道中的中间商以转移商品为基本业务，因此，在经营过程中，会努力地将有关企业产品的信息通过各种促销方式传播给目标消费者和用户，以刺激需求，扩大商品销售量。

4.风险分担

分销渠道成员在商品流转过程中，有的大量购进商品，要承担商品供求变化、自然灾害、价格下跌等风险。

5.实体分配

产品在实现空间转移时，渠道成员负责货物的运输、仓储及信息处理等具体活动，使其适时到达消费者的手中。

6.协商谈判

渠道成员在实现产品所有权转移的过程中，要就产品的价格、付款方式、促销费用、订货和交货条件等问题进行协商谈判，才能保证产品成交。

分销渠道除了上述主要功能外，还具有减少交易次数、降低流通费用、集中平衡和扩散商品、资金融通等作用。因此，企业在市场营销中，必须科学地选择和培育分销渠道，合理设置中间环节，充分发挥分销渠道的作用，实现货畅其流。

（三）影响分销渠道设计的因素

1.顾客特性

顾客的人数、地理分布、购买方式（频率、批量）等特性，是分销渠道设计要考虑的基础性因素。上述各种特性之间是相互联系、相互修正的，要综合考虑。如顾客人数很多，但却集中在某个地区，其渠道设计就不宜较长、较宽。若集中在某个地区人数较多的顾客的购买习惯是少量而频繁的订货，其渠道设计又不宜太短、太窄。此外，消费的季节性明显的产品，较多采用长渠道，以便发挥中间商的储存调节作用，做到均衡生产。

2.产品特性

（1）产品的理化性质

体积小、重量轻的产品，宜用较长、较宽的渠道；而体积大、笨重的产品（如大型设备、矿产品）应努力减少中间环节，尽量采用直接渠道；易损易腐的产品、危险品，应尽量避免多次转手、反复搬运，宜用较短渠道或专用渠道。

（2）产品单价

一般说来，价格昂贵的工业品、耐用消费品、享受品应减少流通环节，采用较短、较窄的渠道；单价较低的日用品、一般选购品，则可以采用较长、较宽的渠道。

（3）产品的时尚性

式样、花色多变，时尚性的产品（如时装、家具、高档玩具），多采用较短渠道；款式不易变化的产品，可用较长渠道。

（4）产品标准化程度

非标准化的产品，一般渠道较短、较窄，甚至由企业推销人员直接推销，原因是不易找到具有该类产品知识的中间商，如成套设备。标准化程度高、通用性强的产品，渠道可较长、较宽。

（5）产品技术复杂程度

产品技术越复杂，用户对有关销售服务（如安装、调试）尤其是售后服务（如维修、使用技术培训指导等）的要求越高，其渠道设计应短而窄，甚至采用直接渠道。

3. 中间商特性

分销渠道设计，要考虑中间商的费用水平、服务能力和合作意愿。如费用较高，只能采用较短、较窄的渠道；如中间商能提供较多的高质量服务，可采用较长、较宽渠道；如中间商普遍愿意合作，企业可以根据需要选用。反之亦然。

4. 竞争特性

通常，同类产品应与竞争者采取相同或相似的渠道销售；在竞争特别激烈时，竞争者所使用的分销渠道反倒成为企业避免使用的渠道，这是为了寻求销售上的独到之处。

5. 企业自身特性

（1）企业的财力、信誉

财力雄厚、信誉良好的企业，有能力选择较固定的中间商经销产品，甚至建立自己控制的分销系统，或采取短渠道；财力薄弱的企业，较为依赖中间商，一般都采用"佣金制"的分销方法，并且尽力利用愿意并且能够吸收部分储存、运输以及融资等成本费用的中间商。

（2）渠道的管理能力

有较强的市场营销能力和丰富经验的企业，可以自行销售产品，采用短渠道或垂直渠道营销系统。反之，多采用较长渠道。

（3）企业控制渠道的愿望

有些企业愿意花费较高的渠道成本，建立能有效控制的短而窄的渠道或垂直渠道系统；有的企业因为成本高等因素不愿意控制渠道而采用较长且宽的渠道。

此外，企业产品组合的状况，也会影响渠道设计的类型。产品组合的宽度越广，其分销渠道类型相对较多；产品组合的深度越大，则使用独家专售或选择性代理商更有利；产品组合的关联性越强，其渠道类型越相近甚至相同。

6. 环境特性

当经济形势看好时，企业选择销售渠道的余地较大；当出现经济萧条、衰退时，市场需求下降，企业必须减少一些中间环节，采用较短的渠道，以降低产品的最终售价。

四、促销策略

促销即促进销售。它是指企业通过人员和非人员的方式，把企业的商品、服务等信息传递给消费者，从而达到刺激需求、促成购买、扩大销售的目的的全部活动的总称。促销是任何企业营销计划中的重要因素，它可以为企业树立良好形象，增加销售，使渠道成员产生合作感，给消费者提供售后服务，以及开展其他活动等。促销组合，是指企业在促销活动中，根据产品的特点和营销目标，综合各种影响因素，把人员推销、广告、营业推广、公共关系等四种促销方式有机地结合起来，综合运用，以便实现更好的整体促销效果。

（一）人员推销

1. 人员推销的含义

人员推销是指一个企业委派自己的销售人员，直接向消费者或用户销售某种产品和提供某种服务的一种直接销售方式。人员推销是一种最古老、最传统、最富技巧性的销售方式，由于这种方式有着独特的优点，因此，在现代营销活动中它仍然是重要的促销工具。

2. 人员推销的特点

（1）灵活机动，适应性强

推销人员本身就是信息传送的媒介，他们可以根据不同用户的具体情况，采取不同的推销方式，及时调整推销策略，也可以在顾客方便的时间、地点，以顾客最能接受的方式向顾客传递产品信息、推销产品。

（2）区别对待，针对性强

推销人员在推销之前往往要先对顾客进行调查研究，选择潜在顾客，直接针对潜在顾客进行促销活动。

（3）双向沟通，反馈性好

人员推销属于信息的双向沟通，意见可以迅速地在双方之间交换。一方面，推销人员可以对顾客的意见进行解释和说服；另一方面，也可以及时地将意见反映给有关部门，使其做适当的产品调整。

（4）及时促成购买，缩短购买时间

在人员推销中，传递信息与达成销售是融为一体的。推销人员在传递信息的同时，根据顾客的情况适时地提出销售建议，从而达成交易。

（5）搜集信息，兼做服务

推销人员在推销产品时还可以进行市场调研，搜集市场信息，同时还可以兼做一些商业性业务和售后服务工作，如签约、收款、送货、安装、维修等。

（6）推销费用较大，对人员素质要求较高

由于人员推销是以推销人员作为传递信息的载体，因此，单位信息的传播成本大，同时要求推销人员有较高的素质，才能胜任推销工作。

（二）广告

1. 广告的含义

广告是指企业或个人以付费的形式，通过一定的媒体，公开传播企业及其产品的各种信息，以达到促进销售、增加盈利的一种大众传播方式。

2. 广告的特点

（1）公开表达性

广告宣传通过大众传播媒介，将企业及其商品信息传递给广大的消费者。信息接受方是一个范围广泛的群体，它不仅包括现实的顾客，而且包括潜在的顾客，从而必然起到促进产品销售的传播效果。

（2）非人员性

广告不像人员推销那样具有与顾客面对面交谈的特征，它只能借助一定的媒体来发布信息、刺激需求。

（3）方式灵活性

广告是一种很富表现力的信息传递方式。它可以通过声音、图像、色彩、音乐等表现手法，将企业信息传递出去，具有很强的艺术感染力，更容易加深消费者对企业或产品的印象。

（4）信息传递的单向性

广告是单向的信息传播，有时不一定引起消费者的注意并作出反馈。

（5）效用滞后性

广告传递信息的目的是刺激需求、促进购买，但广告宣传与购买行为往往存在着时间上的分离。多数消费者都是在接受广告促销信息后加深印象，记住广告宣传的企业名称、产品品牌、价格等，为以后购买提供依据。因此，广告的促销效果具有一定的滞后性，即广告对消费者态度和购买行为的影响难以立即见效，而是要延续一段时间。

（三）营业推广

1. 营业推广的含义

营业推广又称销售促进，是指除人员推销、广告宣传、公共关系以外的，能有效激发消费者购买和提高促销效率的一切促销活动。它包括的范围较广，界限也不如广告、人员推销和公共关系清楚，是一种行之有效的辅助性促销措施。营业推广的主要作用是吸引顾客，为不适时令的商品打开销路，也可以鼓励推销员或中间商的积极性，扩大企业的影响。特别是在推出一种新的品牌或新的商品时，为争取中间商合作、鼓励他们进货及需要强化广告宣传效果时，采取营业推广的方式可以达到事半功倍的效果。

2. 营业推广的方式

营业推广方式包括针对消费者、中间商和业务员等不同的营业推广工具，这里主要介绍针对消费者的营业推广方式，其常用的方式有以下几种：

（1）赠送样品。即免费让消费者试用产品。通过亲身试用，消费者能领略到产品的好处和实际利益，从而迅速接受新产品，成为新产品的购买者。

（2）购买奖酬。购买一定数量商品即可获得奖金和奖品。

（3）组合销售。将新产品与原有产品配套出售或将有连带关系的产品包装在一起出售价格略低于单件商品出售的价格。

（4）试用品尝。现场请消费者试饮饮料、品尝食品等。

（5）折价优待。由广告或商品包装发送的折价优待券，即可获得一定的价格优惠，凭券到指定商店购买该商品。

（6）以旧换新。将以前购买的同品牌的老产品或别的品牌的同类产品折价，再加上一定数量的现金即可换购该品牌的新产品。

（7）廉价包装。主要有在包装注明统一折价率，购买时按折价率付款；包装上注明该包装是加大容量的包装；购买时另赠送小容量包装的商品等形式。

（8）奖励券。购买一定数量商品即可获得奖励券，凭奖励券数目的多少可换取不同价值的商品。

此外，还有现场展销、购物赠品、分期付款、限时折扣、特价优惠、购物积分、包退包换、特价日销售等营业推广方式。

对中间商的营业推广方式主要有免费提供陈列样品、推广资助、销售竞赛、协助经营和发放刊物和邮寄宣传品等。

对推销人员的营业推广方式有推销竞赛、推销津贴等。企业根据具体情况，还可以开展优胜重奖、高额补助，采取超额提成、红利及利润分成等，也可以对表现出色的推销人员给予精神和荣誉上的鼓励。

（四）公共关系

1. 公共关系含义

公共关系，是指社会组织运用沟通手段使自己与公众相互了解和相互适应，以争取公众的理解、支持和协作的一系列管理活动。公共关系活动有利于树立企业的良好形象，沟通与协调企业内部以及企业与社会公众的各种联系，有利于营造良好的公关状态，积极影响企业市场营销环境。

2.公共关系促销的原则

（1）真实性原则

它是指企业在公共关系促销时，要以事实为基础，真实、客观、公正、全面地传递信息，沟通情况，企业通过信息传播和交流来树立良好的企业形象，因此，信息的真实、准确就成为企业公共关系促销获得成功的基本前提。

（2）平等互利原则

它是指企业在公共关系促销时，要与公众平等相处，共同发展。企业利用公共关系促销，同样是为企业既定目标和任务服务的，但这种策略要以一定的道德表现为前提，以"利他"的方式"利己"。在促销活动中公共关系同样强调主体与客体的平等权利和义务，尊重双方的共同利益和各自的独立利益，信守企业与公众共同发展、平等互利的坚定信念，只有这样才能实现公共关系促销的目的。

（3）整体一致性原则

公共关系促销中整体一致性原则，是指企业从社会全局、企业全局的角度审视公共关系促销工作，评价其经济效益和社会效益。这一原则对公共关系促销工作的指导，集中体现在对公众负责、对社会负责上。所谓对社会负责，就是企业不仅要考虑本身的经济效益，而且要站在全社会的角度考虑全社会的整体利益。因为每个企业都是社会的一个成员，离开了社会就无法生存，离开了公众，企业也就失去了存在的社会价值，所以企业应该担负起社会责任，履行社会义务。

（4）全员公关原则

全员公关是指企业公共关系促销不仅要依靠专门的机构和专职人员的努力，还要依靠企业各部门的密切配合和全体员工的共同关心和参与。企业必须强调全员公关，即要求全体成员都要树立公关意识，共同关注和参与公共关系促销工作，并作出决策，共同推动企业公共关系促销目标的实现。

第四节 市场营销理论新趋势

一、网络营销

（一）网络营销的概念与特征

网络营销是指企业为实现营销目标，借助电脑通信、联机网络和数字交互式媒体开展营销活动的营销方式。网络营销作为一种新型营销方式，它在实现企业最终目的，即通过满足消费者需求进而满足企业自身的需求（即获得利润）上与传统的营销并无二致。所不同的是，在网络营销中营销者可充分运用十分发达、畅通的网络技术为企业的营销目标服务，国际互联网和商业在线服务成为强有力的营销工具。网络营销的特点有：

1. 市场全球化

Internet 在全球范围内的迅速崛起给企业带来新的商机，使企业商业活动向着区域化、全国化、国际化、全球化发展，使企业面临着一个更广阔、更具有选择性地全球市场。

2. 产品个性化

传统的营销产品都是规模生产而满足顾客的一般需求，顾客的个别需求却往往得不到满足。网络营销能够对顾客的个别需求作出一对一的反应，生产出富有个性的产品以满足顾客的个别需求。

3. 价格公开化

顾客可通过网络对所需的商品进行全球性的比较和选择，这样将大大提高价格的透明度，使价格竞争更加剧烈。

4. 渠道直接化

由于厂商通过网络直接与顾客进行联系，商品可直接从厂商到顾客手中，大大缩短了商品流通过程，使销售渠道更加直接化，加速了商品流、资金流、信息流。因此大大降低了中间商的作用。

5. 服务大众化

企业通过网络一天 24 小时永不停歇地为顾客服务。对于每一个客户，无论其规模大小，无论位于世界的哪一个角落，只要联上网，都可享受到全方位的服务。

6. 交易虚拟化

在网上，企业是虚拟的，商场是虚拟的，商品也可能是虚拟的，商品交易在虚拟的网络环境下进行。

（二）网络营销的运作方式

网络营销作为在 Internet 上进行的营销活动，它的基本营销目的和营销工具是一致的，只不过在实施和操作过程中与传统方式有着很大区别。

1. 网上市场调查

主要利用 Internet 交互式的信息沟通渠道来实施调查活动。它包括直接在网上通过问卷进行调查，还可以通过网络来收集市场调查中需要的一些二手资料。利用网上调查工具，可以提高调查效率和调查效果。

2. 网上消费者行为分析，

Internet 作为信息沟通工具，正成为许多兴趣、爱好趋同的群体聚集交流的地方，并且形成一个特征鲜明的网上虚拟社区，了解这些虚拟社区的群体特征和偏好是网上消费者行为分析的关键。

3. 网上产品和服务策略

网络作为信息有效的沟通渠道，可以成为一些无形产品，如软件和远程服务的载体，改变了传统产品的营销策略特别是渠道的选择。网上产品和服务营销必须结合网络特点重新考虑产品的设计、开发、包装和品牌策略等。

4. 网上价格策略

网络作为信息交流和传播工具，从诞生开始实行的是自由、平等和信息免费的策略，网上市场的价格策略大多采取免费或者低价策略。因此，制定网上价格策略时，必须考虑到 Internet 对企业定价影响和 Internet 本身独特的免费思想。

5. 网上直销

基于 Internet 的网上直销模式改变了传统渠道中的多层次的选择和管理与控制问题，最大限度降低了渠道中的营销费用。

6. 网络广告

Internet 作为一种双向沟通渠道，最大优势是可以实现沟通双方突破时空限制直接进行交流，而且简单、高效和费用低廉。因此，在网上开展促销活动是最有效的沟通渠道，但网上促销活动开展必须遵循网上一些信息交流与沟通规则。网络广告作为在新的大众媒体发布的广告，具有报纸杂志、无线广播和电视等传统媒体发布广告无法比拟的优势，即网络广告具有交互性和直接性。

二、关系营销

（一）关系营销的概念及特征

所谓关系营销，是把营销活动看成是一个企业与消费者、供应商、分销商、竞争者、政府机构及其他公众发生互动作用的过程，其核心是建立和发展与这些公众的良好关系。其特征为：

1. 双向沟通

在关系营销中，沟通应该是双向而非单向的。只有广泛的信息交流和共享，才可能使企业赢得各个利益相关者的支持与合作。

2. 合作

一般而言，关系有两种基本状态，即对立和合作。只有通过合作才能实现协同，因此合作是"双赢"的基础。

3. 双赢

关系营销旨在通过合作增加关系各方的利益，而不是通过损害其中一方或多方的利益来增加其他各方的利益。

4. 亲密

关系能否得到稳定和发展，情感因素也起着重要作用。因此关系营销不只是要实现物质利益的互惠，还必须让参与各方能从关系中获得情感的需求满足。

5. 控制

关系营销要求建立专门的部门，用以跟踪顾客、分销商、供应商及营销系统中其他参与者的态度，由此了解关系的动态变化，及时采取措施消除关系中的不稳定因素和不利于关系各方利益共同增长因素。此外，通过有效的信息反馈，也有利于企业及时改进产品和服务，更好地满足市场的需求。

（二）关系营销的基本模式

1. 关系营销的中心——顾客忠诚

在关系营销中，怎样才能获得顾客忠诚呢？其基本环节为：发现正当需求—满足需求并保证顾客满意—营造顾客忠诚，从而构成了关系营销中的三部曲。

（1）企业要分析顾客需求。顾客需求满足与否的衡量标准是顾客满意程度：满意的顾客会对企业带来有形的好处（如重复购买该企业产品）和无形的好处（如宣传企业形象）。

（2）从关系营销的基本模式中可以看出，期望和欲望与感知绩效的差异程度是产生满意感的来源。所以，企业可采取下面的方法来取得顾客满意：提供满意的产品和服务；提供附加利益和提供信息通道。

（3）顾客维系。维系原有顾客，减少顾客的流失比争取新顾客更为有效。维系顾客不仅仅需要维持顾客的满意程度，还必须分析顾客产生满意感的最终原因，从而有针对性地采取措施不断提高满意度来维系顾客。

2. 关系营销的构成——梯度推进

贝瑞和帕拉苏拉曼归纳了三种建立顾客价值的方法，具体如下：

一级关系营销（频繁市场营销或频率营销）：维持关系的重要手段是利用价格刺激使目标公众重复购买以增加财务利益。

二级关系营销：建立顾客关系要优于价格刺激，进而增加社会利益，同时也附加财务利益，主要形式是建立顾客组织，包括顾客档案和正式的、非正式的俱乐部以及顾客协会等。

三级关系营销：增加结构纽带，同时附加财务利益和社会利益。与客户建立结构性关系，它对关系客户有价值，但不能通过其他来源得到，可以通过提高客户转向竞争者的机会成本，同时也将增加客户脱离竞争者而转向本企业的收益。

三、直复营销

（一）直复营销的含义及基本特性

直复营销（Direct Marketing）即"直接回应的营销"，它是以赢利为目标，通过个性化的沟通媒介向目标市场成员发布信息，以寻求对方直接回应（问询或订购）的社会和管理过程。

（二）直复营销的具体方式

1. 邮购

直复营销商向潜在目标顾客邮寄商品目录、信件、传单等。潜在目标顾客资料可向邮寄名单经纪人事务所购买，也可把行业的独立会员或团体会员作为邮寄对象，或者通过其他途径取得潜在目标顾客资料。所邮寄的商品目录等既是广告宣传品，也是订货单，邮购商店据此发送商品。

2. 电话营销

直复营销商利用电话将有关商品信息传递给潜在目标顾客，并通过提供免费电话接受顾客订货，从而实现企业与顾客之间的沟通。电话营销目前已成为一种主要的直复营销方式。

3. 电视营销

通过直复广告或家庭购物频道，借助电视传递商品信息，催促观众立即拨打专线电话订购。这种方式已被普遍采用，如中央电视台的央视购物频道，通过电视传递商品信息，客户用电话订购，然后将顾客的订购商品品种、数量、付款方式、送货地点等资料交给直销广告公司，以完成交易。

4. 其他媒体营销

在报纸、杂志上刊登或在电台上传播直复营销广告。此类广告与普通广告不同，后者只传递商品信息，前者不但传递商品信息，而且附上"回复卡"，读者以此作为订单寄回给直复营销商或打免费电话订货，从而达到迅速交易的目的。

5. 网上营销

网上营销是指企业通过互联网使产品或服务从企业顺利到达消费者所进行的一系列交易活动。它的产生是基于信息技术和国际互联网的高速发展以及网络电子商务系统的出现。

四、整合营销

（一）整合营销的含义及特征

整合营销是现代企业所建立的以市场为导向的一种经营方式，它要求企业所有部门的所有活动，在努力为顾客的利益服务的同时，要整合和协调工作。同时，它还强调企业与市场之间的互动关系，努力发现潜在市场和创造新市场。整合营销是以注重企业、顾客、社会三方共同利益为中心的，具有整体性与动态性特征。企业把与消费者之间交流、对话、沟通放在特别重要的地位，是营销观念的变革和发展。整合营销更要求各种营销要素的作用力统一方向，形成合力，共同为企业的营销目标服务。与传统的营销概念相比，整合营销更强调统一的经营理念和步调一致的企业行为，它要求其他部门也必须掌握相关的外部营销知识，树立顾客第一的营销理念，并能在本职工作中体现出来。其主要特征有：

1. 营销手段的整体组合

整合营销要求企业在外部环境的约束下，把市场营销部门的不同营销功能（手段）如市场调研、市场预测、销售、广告宣传、产品管理等工作配合起来，使之形成最佳结构，发挥最大功效。同时营销部门必须和企业的其他部门相协调，靠整体策略去赢得市场。营销的整体性实际上就是指通过对影响顾客需求的一系列手段的组合运用（营销组合），以期产生营销的放大效应。营销组合概念强调将市场营销中各种要素组合起来的重要性，营销整合则与之一脉相承，但更为强调各种要素之间的关联性，要求它们成为统一的有机体。

2. 企业整体的协调配合

整体营销更深刻的思想在于企业整体性的营销运作，这就是说营销不仅仅是营销部门的事情，它要求企业各个部门都围绕顾客需求，相互协调，共同努力为顾客服务，形成以市场为导向的企业运作系统。

3. 企业用动态的观念主动分析市场环境，把握市场动向，发现和开拓新的市场。

（二）整合营销实施中的 4C 观念

在产品的同质化日益增强以及消费者个性化、多样化日益发展的今天，企业要以消费者需求为中心，就更要建立和消费者的密切关系，强调企业行为一致性的营销组合。于是日渐兴起了整合营销中的 4C 观念。

1. 消费者（Consumer）

指消费者的需要和欲望。企业要把顾客放在第一位，强调创造顾客比开发产品更重要，满足消费者的需求和欲望比产品功能更重要。不能仅仅卖企业想制造的产品，而是要提供顾客确实想买的产品。

2. 成本（Cost）

指消费者获得满足的成本，或是消费者满足自己的需要和欲望所肯付出的成本价格。这里的营销价格因素延伸为生产经营过程的全部成本。包括企业的生产成本和消费者购物成本，不仅指购物的货币支出，还有时间耗费、体力和精力耗费以及风险承担。

3. 便利（Convenience）

指购买的方便性。和传统的营销渠道相比，新的观念更重视服务环节，在销售过程中，尽最大努力为消费者提供方便，让顾客既购买到商品，也购买到便利。

4. 沟通（Communication）

指与用户沟通，企业的产品要想完全被消费者接受，不能单靠加强劝导顾客，而要着眼于加强双向沟通，增进相互的理解，实现真正的适销对路，才能培养顾客的忠诚。

第九章 人力资源管理

第一节 人力资源管理的基础工作

一、人力资源规划

（一）人力资源规划概述

管理的首要职能是计划，没有计划，管理活动就无法有序开展，人力资源管理活动也一样需要先做计划，这个计划就是人力资源规划。人力资源规划又称人力资源计划，是指对组织处于变化中的人力资源需求和供给情况进行科学预测，并制定相应的政策和措施，实现人力资源供需平衡，以达成组织的战略目标和长远利益。

组织之所以要进行人力资源规划，是和人力资源自身特性、组织内外部环境因素直接相关的。首先，人力资源供给和需求有一定刚性，不能随时购买，需要一个培养过程，所以要有一个翔实的规划；其次，组织战略会因外部环境和内部实力的变动而调整，从而对人力资源配置提出了新的要求；最后，组织员工队伍在一段时间后由于分布的失衡或自然的变动要求作出调整：一方面，退休、解聘、离职会造成岗位空缺和人力资源缺乏，这时需要提前规划安排，另一方面，企业现有人力资源分布的不合理也需要有计划地调整。

（二）人力资源规划的内容

人力资源规划包括两个层次，即总体规划和各项业务计划。人力资源总体规划是指有关规划期内人力资源管理和开发的总目标、总政策、实施步骤以及总预算的安排等，它是根据组织战略规划制定的。人力资源所属的各项业务计划是人力资源总体规划的进一步展开和细化。

（三）人力资源规划的工作程序

人力资源规划一般可分为如下六个步骤：收集有关信息资料、人力资源需求预测、人力资源供给预测、确定人力资源净需求、编制与实施人力资源规划、人力资源规划评估。

1. 环境分析

对企业内外部环境因素进行分析是人力资源规划的前提。组织外部社会、政治、法律及经济环境都会影响企业的人力资源需求和供给；组织内部因素如企业的战略计划、战术计划、行动方案、本企业各部门的计划、人力资源现状等也会影响到组织未来人力资源的需求和供给。

2. 人力资源需求预测

人力资源需求预测是组织为实现既定目标而对未来所需员工数量和种类的预测。人力资源需求预测的方法很多，主要包括自上而下预测法、德尔菲法、趋势分析法、回归分析法等。企业可以根据实际情况采取不同的方法。如德尔菲法一般采用问卷调查的方式，听取专家（尤其是人事专家）对企业未来人力资源需求量的分析评估。而回归分析，就是利用历史数据找出某一个或几个组织因素与人力资源需求量的关系，并将这一关系用一个数学模型表示出来，借用这个数学模型，就可以推测将来的人力资源需求。

3. 人力资源供给预测

人力资源供给预测是指估计在未来一段时间企业内可获得的人员数目和类型，包括组织内部供给预测和组织外部供给预测。企业人力资源需求的满足，应优先考虑内部人力资源供给。组织内部人力资源供给预测方法很多，如马尔可夫分析是通过找出过去人事变动的规律并以此来推测未来的人事变动趋势，而档案资料分析法则通过对组织内人员的档案资料进行分析来预测组织内人力资源的供给情况。组织外部人力资源供给是指企业从劳动力市场上获得必要的人员以补充或扩充企业的员工队伍。企业预测外部人力供给时，主要应考虑社会经济状况、就业观念、本企业的吸引力等因素。

4. 确定人力资源净需求

在对员工未来的需求与供给预测数据的基础上，将本组织人力资源需求的预测数与在同期内组织本身可供给的人力资源预测数进行对比分析，从而测算出各类人员的净需求数。这里所说的"净需求"既包括人员数量，又包括人员的质量、结构，即既要确定"需要多少人"，又要确定"需要什么样的人"。

5. 人力资源规划编制与实施

在明确未来企业人力资源净需求后，就可以编制并实施人力资源规划了，包括总体规划和各项业务计划，还可据此提出调整供给和需求的具体政策和措施。如在人员供不应求时可以采取加班、招聘、使用临时工、工作分包、缩减业务等，而人员富余时可以采取减少工作时间、裁员、临时下岗、扩大业务量等。

6. 人力资源规划评估和控制

在人力资源规划实施后，要对人力资源规划本身及实施效果要进行评估和控制，从而是政策和措施落到实处，提高管理效益。

二、工作分析

工作分析是一项技术性很强的工作，应该按照一定的程序有步骤地进行，一般说来，工作分析的工作程序包括：工作分析准备阶段、工作分析实施阶段以及工作分析结果形成与应用阶段。

（一）准备阶段

这一阶段要明确调查目的是组织结构调整、薪酬结构调整还是为了建立考核体系，并收集组织相关信息包括组织结构图、工作流程图、过去的职务描述资料等，还要确定调查的范围、对象和内容，规定调查方式、方法等，做好宣传、动员，营造良好的职务分析氛围，组织有关人员学习掌握职位调查、分析的具体实施步骤和方法。

（二）实施阶段

工作分析的实施阶段就是要选择有代表性的职位，对选定的职位进行信息的收集、分析和综合，这一阶段是整个工作分析过程的核心部分。在这一阶段，要明确工作分析所需收集的信息内容，选择信息收集的方法，同时决定信息收集的来源。

（三）结果形成与应用阶段

通过收集相关信息，并对之进行分析整理，就形成了工作分析的结果——职位说明书，职位说明书包括两个部分即工作说明和岗位规范，工作说明也叫工作描述，指用书面形式对组织中各种岗位的工作性质、工作任务、工作职责与工作环境所作的统一要求。岗位规范指任职者要胜任该项工作必须具备的资格与条件，包括知识要求、能力要求、经历要求和职业道德要求。最后将这一结果应用于其他的人力资源管理活动如定编定员、工作设计、工作评估和绩效管理等。

三、岗位评价

（一）岗位评价概述

岗位评价是在工作分析的基础上，对岗位的责任大小、工作强度、所需资格条件等特性进行评价，从而评定企业内各个职位之间相对价值的大小。岗位评价与工作分析都属于岗位研究的内容，是科学管理思想的体现，也是管理走向科学化、规范化的必然要求。

岗位评价是企业薪酬管理的重要工具，通过科学的岗位评价，企业可以较精确地分析各岗位的相对价值，明确各岗位对企业的贡献，从而建立起企业的薪酬结构体系，保证薪酬支付的内部公平性，调动员工工作的积极性。

（二）岗位评价的方法

1. 排序法

由评价人员凭着自己的判断，根据岗位的相对价值按高低次序进行排列。这种方法是一种简单易操作的整体性的岗位评价方法，适合于生产单一、岗位较少的中小企业。

2. 分类法

是指将企业的所有岗位根据工作内容、工作职责、任职资格的方面的不同要求，分成不同的类别，一般可分为管理工作类、事务工作类、技术工作类及营销工作类等。然后给每一类确定一个岗位价值的范围，并且对同一类的岗位进行排列，从而确定每个岗位不同的岗位价值。

3. 因素评分法

也称点数法。这是目前应用最为广泛的一种职位评价的方法。首先，它需要挑选并仔细定义影响职位价值的共同因素，即付酬因素（compensable factors），常用的有岗位责任、岗位要求技能、劳动强度、劳动条件四大因素。其次，要对每个付酬因素赋予不同的分数（点值），分数的大小视这个因素在全部的付酬因素中所占的重要性而定，也就是说，每个因素的权重是不同的。接着，对每一因素进行分级（比如分成 5 档），给出每档所对应的分数。当然，应该对每个等级给出具体的定义。最后，确定每个职位在每一因素项上的得分，把各项得分汇总，得出每个职位的总分，确定各职位的相对价值。

4. 因素比较法

因素比较法是排序法和因素评分法综合的方法。排序法是从整体的角度对岗位进行比较和排序，而因素比较法则是选择多种报酬因素，按照各种因素分别进行排序。它首先在每一类工作中选择标杆岗位，这种岗位在很多组织中普遍存在，工作内容相对稳定，且工资率是市场公认的；接着分析标杆岗位，找出一系列共同的报酬因素，例如责任、工作的复杂程度、工作压力水平、工作所需的教育水平和工作经验等，针对每一个报酬要素对各标杆岗位进行排序。接着，将每个标杆岗位的市场工资率分配到相应的报酬因素上，每个标杆岗位分配给各报酬因素的比重是不同的，需要通过经验或统计的方法得出比重。分配完工资率后，应当按照各报酬因素的工资率水平进行再次排序，各标杆岗位此次排序结果应该与上一步的排序一致，如不一致，则应当剔除此种岗位。最后，根据每一标杆岗位的每一报酬因素的货币值，建立因素比较等级表，将非标杆岗位同标杆岗位的报酬因素进行逐个比较，确定各种非标杆岗位在各种报酬因素上应该得到的报酬金额，将这些报酬金额加总就是非标杆岗位的基本工资。这样各岗位的相对价值就通过工资总额一目了然。

第二节 人力资源管理实践活动

一、招聘与甄选

招聘与甄选是企业人力资源管理的一项基本活动，它有助于形成企业人力资源队伍，并对其他人力资源管理活动产生深远的影响，在竞争日益激烈的今天，招聘与甄选之于企业发展的重要性日益显现，因为高效、科学的招聘和甄选不仅有利于提高企业人才的竞争力，更有利于推动企业战略目标的实现。

（一）招聘概述

招聘是指通过各种信息，把具有一定技巧、能力和其他特性的申请人吸引到组织空缺岗位的过程。

招聘工作对整个人力资源管理工作的影响都是举足轻重的。招聘属于人力资源管理前向职能，只有做好了招聘工作，后续的职能才能顺利开展。招聘的成败直接影响培训与开发、绩效管理工作能达到的高度，培训与开发、绩效管理是招聘工作在人力资源管理过程中的延续；如果招聘过程中没有把好人才选拔这个关口，那么培训工作的成效肯定会大打折扣，绩效管理不论采取何种先进的工具，也难以使得绩效的提高；招聘也直接影响企业的用工成本与用工风险，如果企业没有招聘到企业所需要的人才，会造成入职不匹配，造成企业效率低下，甚至因为招到品行低下的人员而使组织蒙受损失。如1992年巴林银行新加坡分行业务员尼克·里森，在未被监管的条件下，做日本市场期权，导致亏损亿美元，进而导致这家全球最古老的银行之一破产倒闭。招聘还影响到企业文化的整合，招聘工作对企业文化的影响是源头性的，企业的灵魂在于企业文化，而企业文化的整合关键在于企业员工的"同质性"，而这个"同质性"关键在于招聘时的把关——人企匹配，特别是员工的价值观与企业的价值观是否一致，员工是否能适应企业的文化，现在很多公司实施基于价值观的招聘，就是要招和公司价值观吻合的人，而淘汰不吻合的。

规范化的招聘过程，使得整个招聘工作可以控制，节约招聘费用，提高招聘工作效率。开展招聘工作是在人力资源规划和职位分析的基础上进行的，主要步骤如下。

1. 首先要根据人力资源规划中的人员补充计划和职位说明书，编制招聘计划，说明招聘的岗位、人数、时间及任职要求。

2. 接着要根据招聘计划发布招聘信息并接受申请，招聘信息一般包括本企业的基本情况、招聘岗位、应聘人员的基本条件、报名方式、报名时间、地点、报名所需带的证件和材料以及其他注意事项。这一过程也称为招募。

3. 选拔，通过笔试、面试、背景调查等手段对申请者进行甄选，从工作岗位的要求出发，对各申请者进行评价。

4. 录用。在选拔完成之后，就要作出录用的决策，并发放录用通知，完成录用的相关手续。

5. 评价。即对此次招聘工作进行总结评估，可以从招聘程序的合理性、招聘方法的有效性、招聘的成本效益等角度进行。通过评价可以为下一次招聘活动提供有益的参考。

（二）招聘的渠道和方法

企业中的人员招聘可以从两个渠道进行，一个是内部渠道，另一个是外部渠道。

1. 内部招聘

企业人员的内部招聘可以通过内部提升、工作调换、工作轮换、转岗培训、返聘或重新聘用进行，具体方法包括：

（1）张贴招聘广告，招聘广告通常针对组织中所有雇员，通过醒目的广告为求职者提供职位空缺。招聘广告能提高士气，可以为雇员提供转换工作的机会，使雇员的技术和需求更好地配合起来，而且能以比较低的开支填补职位空缺，所以通常对组织大有益处。

（2）查阅档案资料，通过查阅人事档案中与技能有关的一些信息资料也可以实现内部招聘，这方面的信息主要包括姓名、工作类别、以往所从事的工作、经历、特殊技能和知识、所受教育水平等等，同时也包括正式评估结果，这项工作通常须借助人力资源信息系统和人力资源管理系统来完成。

（3）管理层指定，企业内有些岗位，是由管理层根据绩效评价结果来指定候选人，甚至是直接任命。

内部招聘通常是组织的首选，特别是对高层管理人员的任用上，目前这一形势有加剧的趋势。这是因为内部招聘成本相对较低，而且它考虑到员工的职业发展，从而也有利于提高员工的忠诚度和积极性，同时也有利于文化和传统的继承。《从优秀到卓越》一书中总结说："从公司之外请来被奉若神明的名人做领导，往往对公司从优秀到卓越的跨越过程起消极作用。在11家实现跨越的公司中，有10家的首席执行官是从公司内部选拔的。"西方不少著名企业采取内部选拔任用，例如，通用电气、摩托罗拉、宝洁公司、福特汽车公司、波音公司、3M公司等著名公司，很少有公司中出现外聘的CEO。

2.外部招聘

（1）刊登广告

招聘广告是通过多种媒体形式向社会广泛传播招聘信息。使用这种招聘方式需要注意的是广告媒体的选择。招聘广告可以在传统的媒体如报纸、杂志、广播、电视上刊登。随着信息技术的发展，网络也成为外部招聘的重要媒体。在网络招聘中，企业可以通过公司自己的网站、第三方招聘网站等机构，使用简历数据库或搜索引擎等工具来完成招聘过程。

（2）就业服务机构

就业服务机构，又称劳务中介机构，是那些专门向组织提供人力资源的机构。我国就业服务机构的形式有临时劳务市场、固定劳动介绍机构、各类各级人才交流中心等。

（3）猎头公司

猎头公司是专门从事高级人才中介的顾问公司，它实际上也是一种就业代理机构，专门为组织"搜捕"和推荐高级管理人员和高级技术人员。它们具有"挖墙脚"专长，特别擅长接触那些正在工作而且还没有流动意向的人才，为用人单位节约不少广告征求和筛选大批应征者所花费的费用和时间。但猎头公司的招聘佣金不菲，一般按录用人才年薪的1/3收取，且有最低下限。

（4）大中专院校和各种职业、技工学校

企业大部分专业技术人员和基层人员都是从学校直接招募的，在大中专院校和各种职业、技工学校举行校园招聘是企业招聘的常见形式。校园招聘的形式有多种：如一年一次或两次的毕业生洽谈会、委托培养、定向培养、设立奖学金、校企联合开发项目、资助优秀学生、为学生提供实习机会以及与高校建立联谊会等。

（5）推荐和自荐

推荐和自荐可以节约招募人才的广告费和就业服务机构的费用，而且还可以获得较高水平的应征者，所以企业乐于采用推荐和自荐的方式获取人才。自荐一般用于大中专学校的毕业生和计件工人等人员的招募。

（6）招聘会

这是最直接的面对面的招聘方式之一，能有效地促使求职者与企业招聘代表的接触。通常情况下，能让彼此直观地了解对方的基本情况，而且有效地节约彼此的时间而提高效率。

由于现场招聘时间比较紧促，不能进行充分有效地沟通，不能收集到更多、更深层次的信息。因此，现场招聘不适合大批量的招聘，也不适合招聘高端人才。主要适应临时补充个别岗位的少量人员，如补充少量的营销人员、中层管理者（技术人员）等。

（三）人员甄选

人员甄选是指用人单位根据用人条件和用人标准，运用适当的方法和手段，对应征者进行审查和选拔的过程。人员甄选是招聘过程的关键步骤，技术性较强，涉及多种测试方法和选拔技术。

二、绩效管理

企业在完成人员的招聘和甄选之后，还要进行绩效管理工作，因为无论员工知识多么丰富、技能多么高超、工作态度多么端正，没有绩效或绩效水平低下都是没有说服力的，企业也不能因此获得更多的经济效益，产生更多的利润。现代企业管理者越来越认识到绩效管理的重要性，想方设法提高员工的绩效，进而提高自己的管理绩效和企业的战略绩效。

（一）绩效概述

在管理活动中，我们经常提及"效益""效率"，以此反映管理的成效，人们往往误认为这就是绩效。其实，绩效的含义远较之广泛，它主要是指一种有效性，包括有效的活动及其结果，即为了完成某一工作而付出的行动和达成的结果。对个人而言，绩效是指对个人行为、表现及其结果的评价；对组织而言，绩效是指组织任务在数量、质量及效率等方面的完成情况。

（二）绩效管理

绩效管理是指通过双向沟通，促进群体和个人做出有利于组织战略目标实现的行为，形成组织所预期的利益和产出的过程。绩效管理根本目的在于绩效的改进，组织进行绩效管理具体说来主要有如下目的：

1. 战略目的

绩效管理系统就是要确保组织内的所有活动都支持组织战略目标的实现，一个有效的绩效管理系统应该根据组织的战略目标确定各部门目标和个人行为目标，通过企业目标的沟通，对员工的思想与行为产生影响，使员工活动与组织目标相一致，最终实现组织战略目标。

2. 管理目的

企业利用绩效结果作为许多管理上的决策依据，如调薪、升迁、激励等。

3. 开发目的

绩效管理的第三个目的对雇员进行进一步的开发。如果员工的业绩没有达到期望，那么绩效管理就应该寻求如何使他们提高业绩。另外，绩效结果也作为潜能开发和教育培训的依据。有效的绩效管理是一系列活动的连续不断的循环过程，一个绩效管理过程的结束，是另一个绩效管理过程的开始。

（1）制订绩效计划（Performance Planning）

这是确定组织对员工的绩效期望并得到员工的认可的过程。是由主管人员与员工一起确定绩效目标和行动计划，绩效计划必须清楚地说明期望员工达到的结果以及为达到该结果所期望员工表现出来的行为和技能。

（2）管理绩效（Managing Performance）

管理员工的绩效是绩效管理中非常重要一个阶段，也是常常被忽视的一个过程。在绩效管理实践中，管理的主要功能是保证员工能够按照第一阶段设定的目标，顺利地在规定时间内完成工作任务。这一阶段，主管人员要观察、记录和总结绩效并提供反馈与辅导。

（3）绩效考核（Performance Appraisal）

工作绩效考核是一个按照事先确定的工作目标和发展目标及其衡量标准，考查员工实际完成的绩效情况的过程，可以根据具体情况和实际需要进行月考核、季考核、半年考核和年度考核。

（4）绩效反馈面谈（Performance Feedback）

绩效反馈面谈是指管理者在对员工的绩效表现进行打分后，根据考核结果，与员工做一对一、面对面的绩效沟通，将员工的绩效表现通过正式的渠道反馈给他们，让员工对自己表现好的方面和不好的方面都有一个全面的认识。绩效面谈的主要目的是提高员工在未来的工作绩效，双方应通过讨论，达成对绩效评价一致的看法，并商讨出员工未来可能达到的工作绩效水平。当然，针对不同的绩效情况，面谈的内容和重点有所不同。

（三）绩效考核

绩效考核又称绩效评估，是指对员工的工作行为表现和工作结果进行考察、测定和评估的过程。绩效考核是绩效管理的重要组成部分，成功的绩效管理需要有效的绩效考核来支撑。

三、培训与开发

员工培训与开发是企业进行人力资源开发和管理的主要组成部分，是企业人力资本投资的重要途径，它对提高企业竞争力和效率、节省成本、维持稳定的工作标准、建设"学习型企业"具有重要意义。

（一）培训与开发概述

培训（Training）与开发（Development）在英文中是两个既相互联系又相互区别的词：培训是企业向员工提供当前工作所必需的知识与技能的过程；开发是依据员工需求与组织发展要求，为使员工适应未来工作，对员工的潜能开发与职业发展进行系统设计与规划的过程。在传统意义上，培训侧重于近期目标，聚焦于员工现在的工作，目的是提高员工工作技能；而开发则关注长期目标，偏向于员工对未来工作所做的相关准备上，目的是提升员工素质，两者的最终目的都是通过提升员工的能力实现员工与企业的同步成长。然而，随着培训的战略地位的凸现，员工培训将越来越重要，培训与开发的界限已日益模糊。现在，两者都注重员工与企业当前和未来发展的需要。

培训是组织人力资源管理与开发的重要组成部分和关键职能，也是组织人力资源资产增值的重要途径，培训满足了员工的自我实现的需要，减少了员工流失，已经成为培育和形成共同价值观、增强凝聚力的关键性工作。很多优秀的公司从来都非常重视员工培训工作。如摩托罗拉公司一贯认为，人是企业中最宝贵的资源，只有向这些有限的资源提供各种培训机会并给予发挥的空间，才能释放其最大的能量，公司规定每年每位员工至少要接受 40 小时与工作有关的学习。学习内容主要包括新员工入职培训、企业文化培训、专业技能培训、管理技能培训、语言培训及海外培训等。摩托罗拉还积极推广电子学习方式。我国联想公司认为"办长久公司的根本大计是百年树人问题"，在联想，培训人才和留住人才相辅相成，认为"留住人才的关键在于能为员工提供良好的培训发展空间，而培训则常常是员工感受企业是否在尽心尽力地为他们创造发展机会的依据，是体现企业文化的重要形式。"

（二）培训的特点与内容

企业中的员工培训具有如下特点：

1. 培训的经常性

员工培训应是组织经常性与持续性的活动，而不是一劳永逸的，及时的充实和长期的积累能使员工队伍与时俱进，掌握最新的知识和技能，适应科技和时代的发展，企业不能为了一时跟风而进行培训，而应当视培训为经常性、例行化的活动，注重培训的连续性。

2. 培训对象和培训形式的多样化

员工培训是一种全员性的教育活动，它不是某些人的特权，只要有需求、有必要、有能力，组织应该不遗余力对所有员工进行培训。根据培训的对象和目的的不同，组织培训的形式也是多样的，可以采取学徒、讲座、授课、案例等多种方法进行培训。

3. 培训项目的针对性和速成性

员工培训不同于正规教育，它具有较强的针对性和目的性，一般说来，培训项目是针对当前和未来工作对员工的要求进行设计的，而且，培训项目的时间跨度不会很长。

4. 培训效果的延后性

培训的效果并不能立竿见影，具有一定的延后性，组织必须创造一切条件，引导和帮助员工将培训中的所学应用到工作中去，同时组织在培训时应当注意培训内容的先进性。

企业员工培训的内容集中于以下三点：

（1）知识的学习

这类培训是组织最基本的培训。其主要任务是帮助组织成员掌握必要的基础知识和专业知识。主要是员工要了解企业的发展战略、企业愿景、规章制度、企业文化、市场前景及竞争；员工的岗位职责及本职工作基础知识和技能。依据培训对象的不同，知识内容还应结合岗位目标来进行。如对管理人员则要培训计划、组织、领导和控制等管理知识，还要他们掌握心理学、激励理论等有关人的知识，以及经营环境如社会、政治、文化、伦理等方面的知识。

（2）技能的提高

这类培训是组织最核心的培训。其任务是帮助组织成员掌握和运用专业技术的能力，其目的是使组织成员把知识转化为生产力。通过技能培训使员工掌握完成本职工所必须具备的各项技能，如操作技术、处理人际关系技术、处理突发事件的技能等，并开发出员工的潜能。

（3）态度的转变

态度是影响能力与工作绩效的重要因素，态度培训是组织最根本的培训。其主要任务是帮助组织成员实现观念和价值观的转变和调整，使他们能够融入到本组织的文化中，培养他们积极向上的工作态度和具备良好的思维及行为模式。

四、薪酬管理

在企业的人力资源管理工作中，薪酬问题无疑是最为敏感的问题之一，在快速多变与充满竞争的社会里，如何吸引、激励和留住优秀员工面临着巨大挑战。除了要进行公平的绩效考核外，建立起有效的薪酬体系也非常重要。

（一）薪酬与薪酬管理

薪酬是员工因向所在的组织提供劳务而获得的各种形式的酬劳。薪酬包括外在薪酬和内在薪酬（有时也被称作货币性薪酬和非货币性薪酬），外在薪酬主要是指为受聘者提供的可量化的货币性价值。比如：基本工资、奖金等短期激励薪酬，股票期权等长期激励薪酬，退休金、医疗保险等货币性的福利，以及公司支付的其他各种货币性的开支，如住房津贴、俱乐部成员卡、公司配车等等。内在薪酬则是指那些给员工提供的不能以量化的货币形式表现的各种奖励价值。比如，对工作的满意度，为完成工作而提供的各种顺手的工具，培训的机会，提高个人名望的机会，吸引人的公司文化，相互配合的工作环境，以及公司对个人的表彰、谢意等等。狭义的薪酬是指外在薪酬，这种狭义薪酬又有直接薪酬和间接薪酬之分，直接薪酬与工作直接相关，包括基本工资、奖金、津贴和股权，间接薪酬与工作间接相关，即福利。本书中薪酬是指狭义的薪酬。

薪酬可分为基本薪酬、可变薪酬和福利薪酬三部分。基本薪酬是组织根据员工所承担或完成的工作本身或者是员工所具备的完成工作的技能或能力而向员工支付的稳定性经济报酬。它是企业员工薪酬收入的主体部分，也是确定员工其他报酬形式的基础。基本薪酬通常有基础工资（底薪）、工龄工资、职位工资、职能工资中的一种或几种构成；可变薪酬是薪酬体系中与绩效有直接关系并浮动的部分，这部分薪酬可以表现为绩效加薪、成就奖金、激励薪酬等，由于绩效和薪酬之间建立了这种直接的联系，因此，绩效薪酬对员工具有很强的激励性，对企业绩效目标的实现起着非常积极的作用；福利薪酬主要指企业为员工提供的各种与工作和生活相关的物质补偿和服务形式，它与基本薪酬和可变薪酬存在一个明显的不同点，即福利不是根据员工向企业供给的工作时间或绩效来计算的薪酬，而且支付上多是非货币的形式。福利一般包括带薪非工作时间（例如年休假）、员工个人及其家庭服务（儿童看护、家庭理财咨询、工作期间的餐饮服务等）、健康以及医疗保健、人寿保险以及养老金等等。

所谓薪酬管理，是指一个组织针对所有员工所提供的服务来确定他们应当得到的报酬总额以及报酬结构和报酬形式的一个过程。主要包括如下内容：

1. 薪酬的目标管理，即薪酬应该怎样支持企业的战略，又该如何满足员工的需要；

2. 薪酬的水平管理，即薪酬要满足内部一致性和外部竞争性的要求，并根据员工绩效、能力特征和行为态度进行动态调整，包括确定管理团队、技术团队和营销团队薪酬水平，确定跨国公司各子公司和外派员工的薪酬水平，确定稀缺人才的薪酬水平以及确定与竞争对手相比的薪酬水平；

3. 薪酬的体系管理，这不仅包括基础工资、绩效工资、期权期股的管理，还包括如何给员工提供个人成长、工作成就感、良好的职业预期和就业能力的管理；

4. 薪酬的结构管理，即正确划分合理的薪级和薪等，正确确定合理的级差和等差，还包括如何适应组织结构扁平化和员工岗位大规模轮换的需要，合理地确定工资宽带；

5. 薪酬的制度管理，即薪酬决策应在多大程度上向所有员工公开和透明化，谁负责设计和管理薪酬制度，薪酬管理的预算、审计和控制体系又该如何建立和设计。

（二）可变薪酬体系

可变薪酬体系是指员工的薪酬随着个人、团队或者组织绩效的某些衡量指标所发生的变化而变化的一种薪酬设计。目前实践中用得较多的是绩效激励计划，这种以奖励为主的薪酬体系将员工的薪酬与工作成果直接联系起来挂钩充分发挥薪酬的激励作用，有助于提升公司竞争力。

（三）福利管理

福利是指组织为员工提供的除工资与奖励之外的一切物质待遇（货币、实物及一些服务形式），它已经成为员工个人经济保障的重要组成部分。组织所提供的福利既能满足员工的一些需要，解决员工的后顾之忧，为员工创造一个安全、稳定和舒适的工作和生活环境，又可增强员工对公司的认同感，提高员工对组织的忠诚度，激励员工充分发挥自己的潜能，为企业的发展作贡献。通过为员工提供良好的福利，企业还可以塑造良好的企业形象，提高企业的知名度。

福利与工资（即货币薪酬）所起作用不同，工资对员工的生活水平起决定作用，福利起到保障和提高作用；支付依据不同，工资是根据职位、能力和业绩支付，而福利很大程度上按需支付；支付形式也不同，工资采取现金支付的方式，福利多采取实物和延期支付方式。

福利分为法定福利和企业福利两类。法定福利是政府通过立法要求企业必须提供的福利和待遇，如：医疗保险、失业保险、养老保险、伤残保险、生育保险等；而企业福利是企业提供给本企业员工的福利，包括个人保险、有偿假期及生活福利。

企业在福利管理时，首先要进行福利调查，包括内部人员需求调查和外部福利项目调查。接着要进行福利规划，包括确定福利项目、确定各种福利项目的福利范围以及确定各项福利的支付水平和总的成本预算。最后进行福利实施，即按照已制定的福利规划，向员工提供具体的福利。目前，福利项目的设计与开发逐渐成为企业福利管理的核心任务，企业在员工福利项目设计上越来越重视员工多层次需求特别是高层次需求的满足，在福利项目设计变化的同时，企业福利项目管理方式上也逐渐创新，如现今企业中流行的弹性福利计划，就是由员工自行选择福利项目的福利管理模式，也称自助餐式计划。

总之，人力资源管理工作是企业管理工作的一个重要基础，做不好人的工作，其他工作的开展也就无从谈起，人力资源管理工作要在正确的管理理念下指导下进行，首先要完成人力资源规划、职位分析、岗位评价等基础性工作，并通过一系列的人力资源管理实践活动，提升员工能力，改变员工态度，激励员工工作行为，从而提高公司产出，减少员工流动，建立良好的公司声誉，最终形成公司的持久竞争优势。

第十章 企业财务管理

第一节 企业财务管理概述

一、财务管理的实质内涵

我们这里讲的财务是企业财务，首先必须明白什么是企业。一般认为，企业是投资者为获取收益而投资兴办的经济组织，企业的运作离不开资金，通过对投资者和债权人投入资金的运作，在一定的经济环境中开展一系列经济活动，与供应商、客户、员工、国家、金融机构、投资者等发生经济往来。这个过程我们称之为企业的资金运动——通过资金的筹集、投放、耗费、收回、分配来连续不断地运动的过程。那么，这个资金运动的过程应该如何运动，才能取得更好的经济效益？是企业财务最关心的。也就是说，企业财务管理的对象是企业的资金运动，只不过与会计关注企业资金运动量的规定性不同，企业财务管理更加关注企业资金运动质的规定性。

财务管理作为企业管理的一部分，其管理的对象具有特殊性。如果说在企业管理实践中，生产管理的对象是生产活动、营销管理的对象是营销活动的话，那么，财务管理的对象就是企业的资金及其运动。这是因为财务管理主要是为企业理财，这就需要管理企业的资金，而不是管理企业的人事、生产、营销、科技开发、安全等其他事务。从财务管理实务工作来看，财务管理的融资、投资、利润分配、营运资金管理等也主要是管理企业各项资金的分布和流转情况，提出优化与改善的合理化建议。

总之，财务管理是一种价值管理，渗透和贯穿于一切经营管理活动之中，企业各种经营活动和管理活动都与财务管理有着密切关系。

二、公司财务目标与价值创造思想

哲学家海德格尔说，"人是理性的生物，而理性，是在思想中展开自身的"，"当我们亲自思想时，才通达那召唤思想的东西，为了让这样的一种尝试获得成功，我们必须准备学习思想。"思想是人类生活的特征之一，"思想，是人类生命的统帅。"未经思想过滤的生活，其价值创造土壤必然是贫瘠而又荒芜的……管理者的财务思想，直接决定着企业财务管理的水平，甚至决定企业的成败！

（一）"思想"的深刻含义及其理解

思想是人类社会的宝贵财富，在某种程度上，人类社会的历史就是一部思想史。J.N. 菲吉斯曾宣称"现实世界是人们思想的产物。"H.G. 威尔斯也认为"全部人类历史从根本上说是思想的历史。"那么，什么是思想呢？按照《现代汉语词典》的解释，思想是"客观存在反映在人的意识中经过思维活动而产生的结果"。在管理学的发展进程中，人们把管理思想定义为"人类在其管理活动中根据长期的实践经验而总结出来的有关有效管理的各种观念、主张和知识。"应该说，不同的人对同一客观存在的反映是有差异的，从而导致在同样的环境下，不同的人在思想上的差异性。概括来说，人的差异最根本的在于思想的差异。"大凡有领导才能的人，他们对客观存在的反映比一般人更深刻，他们能从司空见惯的事物中发现出新的东西，能从一般的活动实践中归纳出新的规律，能用生活化的语言表达出深刻的道理，从而能影响别人。"与"理论"更加强调系统性不同，思想应当更偏重于原创性，可以是格言警句，可以是个人感悟。每个管理者都是具有思想的管理人，但是，并非所有的管理者都是具有财务思想，兼备财务素养的管理思想家。虽然所有的管理者均具有丰富的管理实践经验，经受过"残酷"的管理历练，但要上升到管理思想，乃至具备财务特质的管理思想，还必须接受点拨，主动思考，总结升华。正如欧洲最知名和最具影响力的管理思想家查尔斯•汉迪所说，"我发现原来自己所学到的东西，有那么多是来自我在生活中所遇到的事情，而非正规的学习课程。但是要想从中学到东西，仅仅经历过这些事情还不够，还必须要对自己的经历加以思考。在我们繁忙的生活中，有太多时候根本没有思考的余地。"

我们相信，对于一个组织来说，思想是组织的灵魂，伟大的组织总是与伟大的思想相辅相生、互为因果。如果没有思想，勇敢的程度会与灭亡的速度成正比！

（二）财务目标与价值创造思想的缘起

目标是指引、是方向，也是激励人们完成任务的标杆。财务目标作为财务主体进行财务活动的出发点和归宿，是财务运行的一种驱动力，决定着财务管理的基本方向，是评价财务活动是否合理的标准，更是财务管理尤其是财务决策所依据的最高准则，成为构建财务运行理论的基石。不同的财务目标，会产生不同的财务运行机制，科学的设置财务目标，对优化理财行为，实现良性财务循环，意义重大。因而，一直是国内外财务理论和实务界关注的焦点。虽然学者们竭尽全力寻求最适合的财务目标表述，但是，至今还没有在世界范围内形成共识。

1. 财务目标：代表性争鸣观点

第一种观点，利润最大化：圈地运动时代的企业精神。利润最大化作为传统财务目标成为经济学的理论基础之一。这种观点的持有者认为利润代表了企业新创造的财富，利润越多说明企业财富增加得越多，越接近企业目标。在长期管理实践中这种观点的缺陷日渐暴露，其突出表现是"没有考虑货币的时间价值、收益和风险关系、投入和产出关系"。反对者认为，若是不考虑利润取得时间，不考虑货币具有时间价值观念，很难正确判断所获的利润是否符合公司目标；不考虑利润及其所担风险大小，也很难正确判断所获利润是否符合公司目标；不考虑风险而以利润最大化为目标，易使财务决策落入高风险项目的窠臼，一旦有什么"风吹草动"，公司将陷入困境，甚至破产；不考虑所获利润和所投资本的关系，易使财务决策倾向于高资本投入项目。

第二种观点，股东财富最大化：股东至上的股权文化。以股东财富最大化作为财务目标，得到财务学界多数同行的首肯。这种观点认为，通过企业的合理经营，采用最优的财务政策，在考虑资金时间价值和风险价值的前提下，使企业的总价值达到最大化。应该说，股东财富最大化是对经济效益的深层次认识，与利润最大化相比，无疑往前迈进了一大步，但是其反对者还是发现许多其自身的不足。如适用范围限制；与现代企业理论冲突；与可控性原则不符；与理财主体假设相悖。尽管如此，股东财富最大化这一财务目标仍然受到人们的普遍关注。然而，股东财富最大化财务目标仍然只适用于物质资本占主导地位的工业经济时代，是工业经济时代产权博弈的赢家，是股东意志的体现。而在新经济条件下，仅以股东财富最大化作为财务目标，仍然带有一定的片面性。

第三种观点，企业价值最大化：社会至上的股权文化。这种观点认为，企业价值最大化财务目标可以表述为：企业通过合理经营，采用最优的财务政策，充分考虑资金的时间价值和风险与报酬的关系，在保证企业长期稳定发展的基础上使企业总价值达到最大化。应该说这种财务目标内涵深刻，其宗旨是把企业长期稳定发展放在首位，着重强调必须正确处理各种财务关系，最大限度地兼顾企业各利益主体的利益。注重在企业发展中考虑各利益主体的利益关系，在企业价值增长中满足各方利益，很好地协调了企业经济效益和社会效益二者之间的关系。以企业价值最大化为目标，企业就必须赢利，不断增加财富，先求自身生存与发展，再谋企业价值最大化。但在此过程中，必须依法经营、依法管理，正确处理各种财务关系，自觉维护和切实保障国家、集体和社会公众的合法权益。任何超越国家法律规范、损害他人利益的企业都不可能实现企业价值最大化，甚至危害其生存和发展。作为一个多元化、多层次的目标体系。企业价值最大化很好地兼顾了包括股东在内的多元利益主体的利益，是一个多元利益主体相互作用、相互协调的结果。它在使股东利益达到最大化的同时，也使其他利益主体的利益达到最大化。

第四种观点，利益相关者价值最大化：利益集团至上的股权文化。这种观点的持有者认为，从企业长远发展来看，不能只强调某一集团的利益，而置其他集团利益不顾。财务目标不仅要考虑股东利益，还要考虑其他相关者主体的利益。然而，在众多的利益集团中，各自对企业财务利益的影响程度是有差异的，有的贡献大，有的贡献小，不能"一视同仁"。为此，有学者提出"三条必须"标准：必须对企业有投入、必须分享企业收益、必须承担企业风险。并根据这些标准确定相关利益集团为：企业所有者、债权人、职工和政府。

2. 财务目标演变：一种历史的观点

我们认为，财务目标的选择是一种时代的、历史的产物，在不同的历史时期，所选择的财务目标必然是不完全相同的。当今财务目标众说纷纭的事实就是很好的例证。下面我们以历史视角给出财务目标历史沿革的基本脉络。

企业作为人类社会化大生产的基本组织单位、市场经济体系的"基础细胞"、资本发展的依托形式和促进剂，从它诞生之日起就是一种有机的社会商品。其愿景设立、战略定位与目标确定事关重大。财务作为企业价值链支持系统的一个方面，其管理目标必然要与企业目标相对应，取决于企业价值导向。

3. 价值创造思想的基本内涵

价值一直是经济学与管理学关注焦点，财务作为这其分支学科，其价值概念自然以这个意义上的价值为基础。为此，有专家认为"公司财务学上的价值是凝结在商品中的生产力资源被社会接受的程度及效果。"他还提到，"价值创造成为公司财务的目标。"我们认为，将价值创造同时作为财务目标和财务对象，不是十分贴切。为此，提出价值创造作为财务目标，本金流成为财务对象的观点。至于价值创造，虽然很多文献都有提到，而且最早可以追溯到亚当·斯密，但却少有给出规范定义的。有学者认为"价值创造等于收益和资源投入之差，是扣除所有生产要素成本后的剩余利润"实际上是一种经济增加值的表述。

三、企业财务管理的基本内容

企业是一个以盈利为目标的经济组织，尽管它的形式多样，但不同企业的投资者都需要获取利润，否则他宁愿从事慈善事业以获取社会名誉。但企业生存在一个充满竞争的经济环境中，只有努力做好经济活动，才能保持生存、发展和获利。作为一个社会组织，企业的目的有三个层次：生存、发展、获利。

1. 生存

企业只有在困难的环境中生存下来，才可能取得以后发展和获利的机会。企业生存的土壤是经济环境，包括商品市场、资本市场、人力资源市场、技术市场等。企业要生存，需要两个基本条件：一是以收抵支。如果一个企业在日常经营中所收入的资金能够大于其消耗的资金，就能够在日常的经营中逐渐积累资金，从而生存和慢慢发展起来；如果企业在日常经营中取得的收入不能弥补其支付的支出，则资金就会逐渐减少，最终导致企业破产。企业生存的另一个条件是能够偿还到期债务。企业在生产经营中经常因为临时周转需要或扩大投资需要，而借入资金，如果这些债务不能在到期得到偿还，则债权人可能要求企业破产还债，从而无法生存下去。

为了实现上述两个条件，企业财务管理要能够及时筹措资金偿还到期债务，而且在日常经营中能够扩大收入、降低成本，实现资金在周转中增值。

2. 发展

企业要在市场中生存，必须不断发展自己的力量，否则在激烈的竞争中如"逆水行舟，不进则退"，最终失败。企业的发展需要多个条件：市场拓展、科技进步、管理提升，但最终表现为收入的增加和盈利的增多。而扩大收入和利润的根本途径是不断提高产品质量，扩大产品销售数量。这就需要企业能够及时更新产品和生产技术，实施好的投资项目，加强日常营运管理，提高效益。

3. 获利

企业若要生存，必须要能具有获利的前景，否则就无法保证长久生存。企业若要获利，就必须要投资于高效益的项目，并在项目投产后做好经营管理，确保投资规划的目标实现。这就要求企业在选择投资项目时能够充分调查未来市场需求，开发适应产品，获取投资收益，并在日常营运中做好管理。

总结上述企业的三个层次目标及其对财务管理的要求，企业财务管理需要做好融资、投资、营运资金管理和利润分配，从而也就构成了财务管理基本内容：

1. 融资管理

融资是指企业为满足投资和日常经营的需要，而筹措资金的理财行为。企业融资有多个渠道，从投资者那儿"化缘"来的资金，称为权益性资金，从债权人那里获取的借款等，属于债务性资金。当然，也可以通过内部积累的方式获得资金，称为盈利留存。必须注意的是，企业在进行资金筹集时，需要考虑不同资金筹集方式的成本、风险以及企业某时期资金需求的数额，确定恰当的融资渠道，以提高企业效益。

2. 投资管理

投资是指企业根据投资决策方案投出资金的行为，包括对外投资（如对外直接投资、证券投资等）和内部项目投资（如固定资产投资）。需要特别提醒的是，企业在进行投资决策时，必须根据不同项目的市场需求状况以及本企业的竞争优势，合理确定投资项目，在此基础上通过不同的评价指标计算和评比，确定最佳的投资项目进行投资。

3. 营运资金管理

企业在日常的生产经营活动中会有一系列有规则的资金收付行为。企业需要加快对日常经营活动中的资金收付的管理，以确保资金收支循环的顺畅和高效。在财务管理中，我们把为满足企业日常经营活动的需要的垫支的资金，称为营运资金。对营运资金的管理活动，也就成为营运资金管理。企业在营运资金管理中，需要确定适当的营运资金持有政策，合理的营运资金融资政策以及合理的营运资金管理策略。

4. 利润分配与股利政策

企业在经过一段时间的经营后，一般都会产生盈利。对于运营过程中所产生的盈利，如何分配？也成为财务管理的重点之一。可以将部分盈利作为投资回报分配给投资者，也可以将盈利留存在企业内部，为比较好的投资项目准备所需资金。到底如何分配，成为财务管理中的一项"艺术"，为了兼顾企业不同利益相关者的利益需求，企业一般需要根据实际状况制定必要的分配政策，因而，西方财务有"股利政策之谜"的说法。需要说明的是，企业的投资者不同，所需要的利润分配形式也不同，企业的利润分配如不能满足大部分投资者的需求，可能会影响投资者对本企业的投资意向，从而影响企业的市场价值。

四、企业理财思想与管理理念

财务思想源远流长，蕴含着十分丰富的内涵。中国古代的理财思想，可以追溯到先秦时期，可以追溯到夏禹时代的公元前 21 世纪，"会计"二字最早出现在西周时期的《周礼》中，当时已设立了"司会"这一专职官吏来掌管国家和地方的"百物财用"。"零星算之为计，总合算之为会。"唐代出现"账簿"一词，宋朝出现"四柱清册"。"《洪范》五福先言富""《大学》十章半理财"，中国自古以来就把理财列为治理国家的大事。这些重要的思想遗产，对于中国今天的经济发展和社会进步仍然具有重要的现实意义，只是需要我们进一步思考如何传承前人的宝贵财富，去粗取精，更好地了解中国国情，合理扬弃，做到"知古而不泥古""观往而鉴今"，必将无往而不胜！

当然，我们在继续"古为今用"的同时，也必然不能忽视"洋为中用"。一个必须承认的事实是，西方财务理论是世界现代财务学的主流，

（一）财务伦理思想

"伦理"是事物交互过程中根据各自特征而形成的一种规范和准则。财务伦理是财务活动的伦理性质和伦理特征，是财务行为所彰显的生存准则。企业若要获得财务业绩放量增长，必须满足客户需求；若要满足客户需求，必须改进内部管理和流程；若要改进内部管理和流程，必须获得员工的认可，并体现在员工的业务执行过程中。

（二）时间价值思想

大部分财务管理活动的影响不是立即出现的，而是要在未来一段时期后发生，因此，作为财务管理者，需要考虑现在某一决策（活动）对将来企业价值的影响。而要考虑时间因素，首先就要考虑货币本身在一段时间后可能发生的价值变动。货币时间价值是每项财务决策都需要考虑的重要因素。

货币时间价值是一定量的货币在周转过程中由于时间因素而形成的价值增值额。也可以说是没有风险和没有通货膨胀条件下的社会平均资金利润率。其外化形式是不同时间发生的等额资金价值上的差别。实质上，货币时间价值反映了货币、时间与利率三者的关系和变化。货币时间价值产生的前提条件是资金的所有权与使用权相分离，存在闲置与需求并存的供求关系。其真正来源是劳动者创造的新价值。如果一个海盗把劫掠的货币藏在山洞里，就不可能获得时间价值。而当一个老人将货币储蓄在银行里的时候，即使这个老人没有参与任何生产经营活动，他的货币也能增值，原因是银行代这个老人将他的货币投入了社会资本运营（贷款给企业或购买企业证券）。

（三）风险管理思想

风险是客观存在的，它伴随人类活动的产生而产生，西方有谚语说"Risk is Salt and Sugar of Life"。应该说，风险的产生是一个从质变到量变的过程，也就是说，风险的产生过程是一个能量聚集的过程，而真正的风险事故只不过是能量的释放而已。那么，什么是风险呢？我们把风险定义为"在某个特定状态下和特定时间内可能发生的结果的变动。"一般来说，风险具有如下特点：风险长期存在；不是总能被消除；必须与机会同时权衡。风险管理是指面临风险者进行风险识别、风险估测、风险评价、风险控制，以减少风险负面影响的决策及行动过程。风险管理一条总的原则是：以最小的成本获得最大的保障。从风险管理的策略来看，进行风险管理策略主要有回避、预防、转移、分散、分担、接受。

财务管理要求企业从动态发展的角度认识和把握风险。把风险看成是在一定条件下，一定时期内无法达到预期报酬目标的可能性。风险的大小就是实际报酬偏离预期目标的程度。财务风险实际上是预期收益率与实际收益率的变异程度及其概率，这是科学决策必须考虑的重要问题。财务风险贯穿于融资、融资、投资等财务活动和财务关系始终。它在企业财务的融资、投资、股利、资产重组等领域居中心地位。企业各项财务决策，离开或偏离了财务风险的方向，就会使各项财务决策失去依据。

（四）现金至上思想

现金是指立即可以投入流通的交换媒介。它具有普遍的可接受性，可以有效地立即用来购买商品、货物、劳务或偿还债务。它是企业中流通性最强的资产。在我国企业的会计核算中一般用"库存现金"来表示现金概念；在财务管理学中，我们更侧重用现金流量来表达。所谓现金流量也即是指企业在一定会计期间按照现金收付实现制，通过一定经济活动（包括经营活动、投资活动、融资活动和非经常性项目）而产生的现金流入、现金流出及其总量情况的总称。也有人理解为企业一定时期的现金和现金等价物的流入和流出的数量。一般认为现金流量管理是现代企业理财活动的一项重要职能，建立完善的现金流量管理体系，是确保企业的生存与发展、提高企业市场竞争力的重要保障。通常情况下，现金流量管理中的现金，不是我们通常所理解的现金，而是指企业的库存现金和银行存款，还包括现金等价物，即企业持有的期限短、流动性强、容易转换为已知金额现金、价值变动风险很小的投资等。一项投资被确认为现金等价物必须同时具备四个条件：期限短、流动性强、易于转换为已知金额现金、价值改动风险小。

第二节　财务估价与融资管理

一、财务估价思想

财务估价（Financial Value）是对一项资产价值的估计，是对企业的持续经营价值进行判断，估计的过程。财务估价是对企业未来效率水平进行科学量化的过程。无论是对于投资者，还是对于企业管理人员，科学地进行财务估价，准确地了解企业价值，都具有重大意义。其一，财务估价是企业理财决策的基础。其二，财务估价是企业确定资产经济价值的重要方法。财务意义上的资产的价值，是指该项资产在未来企业持续经营中所带来的现金净流量所折合成相当于目前的总现值，即资产的经济价值。

二、融资管理思想

融资决策是每个企业都会面临的问题，也是企业生存和发展的关键问题之一。在人们的观念中，是先融通资金然后找寻投资项目，还是先有投资意向再寻求融资渠道，却是"仁者见仁，智者见智"的。这两种看法"都对"又"都不对"，也就是我们日常生活中经常说的三个字——"很难讲"。实际上，在某种程度上，投资与融资是"殊途同归"的，都是为了实现财务目标——价值创造，只是在价值创造过程中所选择的道路与方式不同而已，至于到底应当先怎么样？然后再如何？需要管理者根据管理实践和具体的财务环境进行权衡和选择，在这个意义上说，财务事实上也是一种艺术。

（一）资本成本及其本质含义

资本成本是指企业取得和使用资本时所付出的代价。取得资本所付出的代价，主要指发行债券、股票的费用，向非银行金融机构借款的手续费用等；使用资本所付出的代价，主要有股利、利息等。从本质上来看，资本成本的本质是机会成本。所谓机会成本可以理解为把一定资源投入某一用途后所放弃的在其他用途中所能获得的最大利益。在面临多方案选择其一的决策时，被舍弃的选项中的最高价值者是本次决策的机会成本。对商业公司来说，在利用一定的时间或资源生产一种商品时，而失去的利用这些资源生产其他最佳替代品的机会就是机会成本。

在生活中，有些机会成本可用货币来衡量。例如，农民在获得更多土地时，如果选择养猪就不能选择养鸡，养猪的机会成本就是放弃养鸡的收益。再如，你购买一套房屋全部用于居住，则不能再出租获利，也就是居住的同时也失去了用于出租等获利的机会；反过来说，你若出租，你则不能再居住。但有些机会成本往往无法用货币衡量，例如，是在图书馆看书学习还是享受电视剧带来的快乐之间进行选择所产生的机会成本。

财务管理中将资本成本划分为个别资本成本、加权资本成本和边际资本成本等。

（二）杠杆原理与资本结构

1. 杠杆原理

经营杠杆是指当企业的成本结构中存在固定生产经营成本时，业务量变动会导致息税前利润发生更大幅度的变动。一般用经营杠杆系数来衡量经营杠杆，即息税前利润变动率相当于产销量变动率的倍数，表明业务量变动所引起息税前利润变动的幅度。经营杠杆系数反映了企业所面临的经营风险，经营杠杆系数越大，经营杠杆作用越大，企业的经营风险就越大，反之亦然。

财务杠杆是指当企业的资本结构中存在固定支付的资本时，息税前利润的变动会导致普通股每股收益更大幅度的变动。一般用财务杠杆系数来衡量财务杠杆，即普通股每股收益的变动率相当于息税前利润变动率的倍数。企业使用的固定支付的债务等资本越多，财务杠杆及效应就越大，企业的财务风险也就越大，反之亦然。

经营杠杆与财务杠杆的联合效应，形成复合杠杆，它反映了企业每股收益对业务量的敏感性。一般用复合杠杆系数来衡量复合杠杆，即普通股每股收益的变动率相当于业务量变动率的倍数，它是经营杠杆系数与财务杠杆系数的乘积。复合杠杆系数反映了企业所面临的联合风险，复合杠杆作用越大，企业的风险就越大，反之亦然。复合杠杆度有助于企业合理地安排经营杠杆与财务杠杆。

2. 资本结构原理

资本结构主要是指企业全部资本来源中权益资本与负债资本的比例关系。该比例的高低，通过综合资本成本的变化，直接影响企业价值高低。因此，优化资本结构，以最低的综合资本成本，实现企业价值最大化，是研究资本结构的核心问题。在现代市场环境中，运用负债经营有利于企业价值提高，但因为财务风险的客观存在，又必须谨慎掌握运用负债的"度"，也就是在实务中，需要考虑合理安排债务资本比例，也即"适度负债"。因为：

（1）适度负债有利于降低企业的资金成本

债务资本需定期支付利息和按期还本，且企业清算时，债权人的受偿权优先于股东，所以，债权人的投资风险一般小于股东，企业支付给债权人的报酬也会低于股东。同时，债务利息在税前支付，企业使用债务资本可以获得利息减税的利益，从而使得债务资本的成本低于权益资本的成本。因此，企业在一定限度内合理提高债务资本的比例，可以降低企业综合的资金成本。

（2）适度负债有利于发挥财务杠杆作用

债务利息是固定不变的，当息税前利润增加时，每1元经营利润所负担的固定利息费用就会随之降低，从而使股东获得的收益提高，从而带来财务杠杆利益。因此，在一定限度内合理地利用债务资本，特别是在公司经营利润预计有较大幅度增长时，适当增加负债，有利于发挥财务杠杆作用，获取财务杠杆利益。

（3）适度负债有利于提高企业价值

企业价值是其权益资本市场价值与债务资本市场价值之和。资本结构的安排会直接影响到权益资本和债务资本的市场价值，进而影响公司总价值。因此，合理安排资本结构有利于公司价值的提高。

第三节 投资管理

一、决策与投资决策

实际工作中，管理者所面对的问题可以说是方方面面的，这些问题的化解需要管理者作出不同的抉择，这将可能导致不同的结果，其中，有很多结果是当时作抉择时无法预知的，所以在管理过程中，管理者需要根据环境的变化不断选择不断作出新的决定，在这个意义上，我们说，决策就是对需要处理的事情作出策略上的决定。从学术意义上看，决策是人们为实现预期的目标，运用一定的科学理论、方法和手段，通过一定的程序，对若干个可行性的行动方案进行研究论证，从中选出最满意的方案的过程。必须认识到，决策是行动的基础，没有正确的决策就没有合理的行动。

投资是投资主体为获得未来的、不确定收益而支付即期价值（成本）的行为。从其特征上看，第一，投资是完全或至少部分不可逆的，也就是说已投入的资金是沉没成本；第二，来自投资的未来回报是不确定的，也就是说在投资决策中，只能做到评估代表较高或较低收益结果的概率；第三，在投资时机上有一定的回旋余地，也就是决策者可以选择是否要推迟行动以获得更多的信息。

综合来看，投资决策是指投资者为了实现其预期的投资目标，运用一定的科学理论、方法和手段，通过一定的程序，对若干个可行性的投资方案进行研究论证，从中选出最满意的投资方案的过程。一项好的投资决策应当是一个能提高目前公司权益的市场价值，因而能为公司的股东创造价值的决策。也就是说，投资决策必须考虑到财务目标，偏离财务目标或者不能为股东创造价值的投资决策一定要尽量避免。当然，在这个问题上，需要投资者敏锐的思考和全面的分析，有时需要作出战略性投资决策®。在这个意义上来看，对于企业来说，创造性投资非常重要，以至于不能仅留给财务专家来完成，而应该是组织内部所有经理人员日渐重要的职责。

二、项目投资决策的概念与要素

项目投资决策的前提是要有相应的投资项目可供选择。所谓投资项目是指在规定期限内完成某项开发目标（或一组目标）而规划的投资、政策以及机构方面等其他活动的综合体。只有有了相应的投资项目，才能进行是否进行项目投资的决策。

项目投资决策的根本目的是扩大生产经营能力，主要表现为固定资产投资。一般来说，固定资产投资不经常发生、投资金额大、投资回收期长、影响时间长远、投资风险大、对企业收益影响大。所以必须引起决策者的高度重视，在对一项固定资产投资项目进行决策时，必须对其必要性和可行性进行技术经济论证，对不同的项目投资方案进行比较选择，并做出判断和决定。

从构成要素上看，项目投资决策应当包括四个基本要素，即：

1. 决策者

投资项目的决策者也是项目投资的主体，是具有资金或财源和投资决策权的法人。

2. 决策目标

项目投资决策的目标就是要求在项目开发经营过程中，在投资风险尽可能小的前提下以最少的投入得到最大的产出。

3. 决策变量

决策变量是指决策者可能采取的各种行动方案，各种方案可以由决策者自己决定，这种变量是可以人为地进行调控的因素。

4. 状态变量

状态变量是指项目决策者所面临的各种自然状态。许多状态包含着各种不确定性因素，项目投资者必须对项目开发过程中可能出现的不确定性因素加深了解，并利用科学的分析方法，分析不确定因素变化对项目投资可能。

为此，我们必须强调，正确的项目投资决策取决于决策者个人的素质、知识、能力、经验以及审时度势和多谋善断的能力，同时又与认识和掌握投资决策的理论知识、基本内容和类型，以及与应用科学决策的理论方法有着密切的关系。决策者在进行投资决策时，必须考虑一些因素，如有明确的项目投资决策目标；有两个或两个以上可供选择和比较的决策方案；有评价方案优劣的标准；有真实反映客观实际的数据资料。

三、项目投资决策的基本原则

对于企业而言，对于一个特定项目的投资，不仅影响深远，而且极有可能导致企业在未来期间的盛衰，为此，在决策过程中必须要慎重对待每一个投资项目的决策。从总体上看，项目投资决策应当把握以下原则：

1.注重项目的投入产出，把握投资项目的价值增值原则

企业存在的价值是通过为社会提供人们所需要的产品或服务，从而获取自身经济利益，所以必须重视投资项目的投入产出，尽量做到在投入较少的前提下取得较大的产出效益，实现价值增值的财务目标。

2.考虑项目的长远利益，企业效益与社会效益双赢原则

企业的投资行为需要以维护投资者的长远利益和企业整体发展战略为出发点，因而在考虑投资项目时，需要正确处理当前利益和长远利益之间的关系，对于即使能够导致企业短期取得较好效益，影响企业长远利益的投资项目坚决予以否决。对于能够影响企业长期可持续发展、实现企业效益与社会效益良性循环的投资项目，即使短期内难以见效，也应当千方百计地组织人力、物力和财力，进行投资，以获取企业效益与社会效益的双赢。当然，当企业面对的投资项目，出现企业效益和社会效益的冲突时，还需要在考虑企业伦理的基础上，恰当评估投资项目给社会带来的影响程度，并尽量将负面影响降低到最低程度。实在是对人类环境或社会发展带来较大的负面影响，而又无法回避或降低这种影响的，只能选择放弃对该项目的投资。也就是说，在这个问题上，企业需要破除单纯的经济利益或利润的观点，不能为了挣钱而挣钱，否则，很容易作出错误的决策，形成决策前处处是"馅饼"，决策后时时是"陷阱"的尴尬局面。

3.重视项目的风险评估，搞好投资项目的风险控制原则

在项目投资决策过程中，投资项目的品质对投资决策结果的影响更重要。投资必然面临着风险，对于任何一个企业而言，都必须非常重视项目投资管理，也就是要在各种可供选择的项目投资方案中选择最恰当的投资方案，在

成本与效益、风险与收益最优组合的条件下使用资金。在企业的项目投资决策中唯一能够确定的事就是重视项目的风险评估，做好风险控制。实际上，每一个投资项目的选择决策，都是权衡概率的结果，当市场机会出现的时候，必须果断并采取行动。

四、项目投资决策的一般程序

科学的决策，必须从客观实际情况出发，遵循科学的决策程序。科学的项目投资决策也必须履行一定的投资决策程序，一方面是为了明确决策责任，提高决策效率，克服决策者个人凭主观想象轻率拍板的顽疾；另一方面也是为了确保项目决策的科学性，降低项目投资决策的风险。从财务角度看，项目投资决策一般应遵循下列程序：

1. 估算投资方案的预期现金流量。项目投资是为了获取未来经济利益，这种经济利益一般表现为预期现金流量。在投资决策过程中，必须对项目投资所导致的现金流量的影响给予定量的估算，这是投资项目决策的前提。

2. 估计预期现金流量的风险。考虑到预期现金流量是基于当下对未来的预计，必然包含有不同程度的风险因素，为此，必须对这种风险程度给出较为客观的估计。以便为资本成本的选择确定奠定基础。

3. 确定资本成本的一般水平，也就是要确定相应的贴现率（折现率）。按照财务管理的货币时间价值原理，处于不同时点的货币（资金）无法进行比较，但可以以一定的贴现率（折现率）将不同时点的货币（资金）换算到同一时点进行比较。为此，对于项目投资决策而言，估算的未来现金流量需要按资本成本进行换算，也就是要确定一个相应的贴现率（折现率），一般可以以同期银行存款或国债利率为基础，在考虑风险大小的基础进行确定。

4. 确定投资方案的现金流量现值。运用贴现（折现）的方法将未来现金流量折算为当前现金流量，从而得到该项目的不同投资方案所带来现金流量的现值，奠定决策的基础。

5. 通过现金流量现值与所需资本支出的比较，决定选择或拒绝投资方案。

第四节 企业财务报表与财务分析

一、财务立场：决定了财务分析的目的

面对同样的财务报表，不同立场的分析者会有不同的见解和分析结论。从出资者的角度来看，他们最为关心投资回报，他们要通过财务分析，考核

报告期企业投资回报、所有者收益分配和资本安全等财务责任目标的实现情况，评价报告期企业投资回报、所有者收益分配和资本安全等责任目标实现情况，肯定成绩、发现问题，为作出企业持续经营重大决策、所有者权力组织、董事会成员的物质奖罚提供依据。

从经营者的角度来看，首要任务是要通过财务分析，以便及时发现问题，查偏纠错，更好地履行受托经济责任。为此，可能更加关心考核报告期企业经营业绩和经营安全财务责任目标的实现情况，为经营者日常经营决策和业绩管理提供依据。

从作业者的角度来看，身处企业生产经营的第一线，其业绩好坏与作业者的经济利益密切相关。他们要通过财务分析，了解报告期作业者相关生产经营作业财务指标完成情况，肯定成绩，发现问题，使得"千斤重担众人挑，人人身上有指标"能够落到实处，让每位作业者运用相关作业财务指标的完成情况，实现自我约束和激励。

二、财务分析的一般步骤

为了使财务分析与评价工作顺利进行，实现预定目标，财务分析与评价的主体必须事前对分析的全过程妥善组织和规划，并认真按照计划开展工作。分析的具体步骤和程序，是根据分析目的、一般分析方法和特定分析对象，由分析人员个别设计的。一般包括下列内容：

（1）明确分析目的；

（2）收集有关的信息；

（3）根据分析目的把整体的各个部分割开来，予以适当安排，使之符合需要；

（4）深入研究各部分的特殊本质；

（5）进一步研究各个部分的联系；

（6）揭示结果，提供对决策有帮助的信息。

三、比率分析：主要财务分析指标

（一）流动比率

流动比率是衡量短期偿债能力最简单和最常使用的一项比率，它是企业流动资产总额与流动负债总额之比。

流动比率表明了企业在一年内每元流动负债，有多少一年内可变现的流动资产作保障。因此，这个比率越高，说明企业可以变现的资产数额越大，企业的短期偿债能力越强，流动负债获得清偿的机会越大，债权人的风险也越小。但是，流动比率也不是越高越好。因为该比率过高，可能是企业过多的资金滞留在流动资产上，未能有效地加以利用，从而使资金周转可能减慢进而影响其获利能力。如果一个企业长时间获利能力低下，就必然反过来影响企业的长期偿债能力。

需注意的是，流动比率高，并不一定说明其债务一定能够偿还。因为，该比率没有进一步考虑流动资产各项目的构成情况及各项流动资产的实际变现能力。若在企业流动资产总额中，过期的应收账款和滞销的存货占的比例很大，则企业的偿债能力就很差。而且，即使流动比率相同，其偿债能力也不一定相同。一般地说，在流动资产总额中，现金和应收账款比例较大的企业较存货比例较大的企业具有更强的偿债能力，因为，应收账款比存货转换成现金的能力强。虽然流动比率的理想状态是2，即1元流动负债要有2元流动资产抵偿。但是不同的行业应有不同的标准，它不是完全统一的。一般来说，工业加工制造业由于生产周期较长，因此存货变现的时间也较长，流动比率要适当地高一些；而商业、服务业存货的变现速度较快，因此流动比率通常可以低一些。因此，在利用流动比率来分析企业的短期偿债能力时，一定要结合所在行业平均标准，注意人为因素对流动比率的影响。

（二）速动比率

为了弥补流动比率没有揭示流动资产的分布和构成的缺陷，人们提出了速动比率，也称为酸性测试比率，是速动资产与流动负债的比值。与流动比率相比较，速动比率更加直接、明确地测验企业短期偿债能力。

一般认为，速动比率应为1∶1较为适宜。理论上看，速动比率为1∶1，即速动资产额等于流动负债额时，偿还流动负债的能力应该是较强的。但是，速动比率也不是绝对的，不同行业也有所差别，所以要参照同行业的资料和本企业的历史情况进行判断。商业零售业、服务业的速动比率可以低一些，因为这些行业的业务大多数是现金交易，应收账款不多，速动比率相对较低，而且这些行业的存货变现速度通常比工业制造业的存货变现速度要快。影响速动比率可信度的重要因素是应收账款的变现能力。账面上的应收账款不一定都能变成现金，如果企业的应收账款中，有较大部分不易收回，可能会成为坏账，速动比率就不能真实地反映企业的偿债能力；此外，季节性的变化，可能使财务报表的应收账款不反映平均水平，进而影响速动比率的可信度。

（三）现金比率

现金比率是企业的现金类资产与流动负债的比率，反映流动资产中有多少现金能用于偿债。现金类资产包括企业的库存现金、随时可以用于支付的存款和现金等价物，即现金流量表中所反映的现金。

现金比率是对流动比率和速动比率的进一步分析，较之于流动比率和速动比率而言则更为严格，因为现金流量是企业偿还债务的最终手段。如果企业现金缺乏，就可能发生支付困难，将面临财务危机，因而现金比率高，说明企业有较好的支付能力，对短期债权人的保障程度高。但是，如果这个比率过高，可能是由于企业拥有大量不能盈利的现金和银行存款所致，企业的资产未得到有效的运用，会影响企业流动资产的盈利能力。

一般来说，现金比率在 0.20 以上比较好。需注意的是采用现金比率评价企业的偿债能力时，应与流动比率和速动比率的分析相结合。

（四）现金流量比率

现金流量比率是企业经营活动现金净流量与流动负债的比率，它反映的是企业在本期经营活动所产生的现金流量偿还短期负债的能力。

与流动比率和速动比率相比，该指标不受那些不易变现的或容易引起沉淀的存货和应收款项的影响，因而更能准确地反映企业的短期偿债能力。该比率数值越大越能体现企业较强的现金或现金流量对应偿还短期债务的保障能力。一般地说，债权人希望该指标高一些，因为只有该比率大于等于 1 时，债权人的全部流动负债才有现金保障。但有些季节性销售的企业有时会出现小于 1 的情况，在使用该指标时，要综合企业各方面的具体情况进行分析。

必须注意的是，经营活动所产生的现金流量是过去一个会计年度的经营结果，而流动负债则是未来一个会计年度需要偿还的债务，二者计算所依据的会计期间不同。因此，这个指标是建立在以过去一年的现金流量来估计未来一年现金流量的假设基础之上的，使用这一财务比率时，需要考虑未来一个会计年度影响经营活动的现金流量变动的因素。

（五）资产负债率

资产负债率是企业负债总额与资产总额的比率，也称为负债比率或举债经营率，反映的是债权人为企业提供的资金占企业总资产比重和企业负债经营的程度，它是衡量企业全部偿债能力的主要和常用的指标。

作为表明每单位资产总额中负债所占的比例的财务指标，资产负债率反映了企业长期偿债能力强弱，通过这个指标的分析可以衡量企业总资产中权益所有者与债权人所投资金是否合理，但是，不同的报表使用者对该比指标有不同的理解。

（六）产权比率

产权比率是负债总额与所有者权益总额的比率，又称为负债权益比率，反映了债权人所提供的资金与所有者提供的资金之间的比例及企业投资者承担风险的大小。

该项指标反映了企业基本财务结构是否稳定。一般来说，股东资本大于借人资本较好，但也不能一概而论。从股东立场看，在通货膨胀加剧时期，企业多借债可以把损失和风险转嫁给债权人；在经济繁荣时期，多借债可以获得额外的利润；在经济萎缩时期，少借债可以减少利息负担和财务风险。产权比率高，是高风险、高报酬的财务结构；产权比率低，是低风险、低报酬的财务结构。此外，企业性质不同获得现金流量不同，产权比率有所区别。一般来说，现金流量比较稳定的企业相对较大；同类企业负债权益比率相比，往往可以反映出企业的信誉和财务风险，该指标越大，则财务风险越大。

（七）利息保障倍数

利息保障倍数也称利息支付倍数，是指企业一定时期内所获得的息税前利润与当期支付利息费用的比率，常用以测定企业以所获取利润来承担支付利息的能力。

利息保障倍数反映了企业偿还负债利息的能力。利息保障倍数越大，说明企业支付利息的能力越强，风险越小；反之，企业偿债能力就越差。该指标表面上是从企业偿债资金来源的角度去揭示企业偿债利息的支付能力，实际上也有助于揭示企业偿还全部负债的能力。一般而言，该指标越高，说明企业的长期偿债能力越强；该指标越低，说明企业偿债能力越差。

（八）现金总负债比率

现金总负债比率是企业经营活动现金净流量与负债总额的比率，它反映的是企业经营活动产生的现金净额偿还全部债务的能力。

该指标表明经营现金流量对全部流动债务偿还的满足程度。该指标越大，经营活动产生的现金流对负债清偿的保证越强，企业偿还全部债务的能力越大。

（九）流动资产周转率

流动资产周转率是销售收入与流动资产平均余额的比率，反映的是流动资产周转速度和营运能力。

流动资产周转率越高，说明企业周转速度就越快，单位流动资产为企业带来的利益越多，资源利用效率越好，会相对节约流动资金，等于相对扩大资产投入，增强企业的盈利能力，流动资产营运能力就越好，流动资产的管理效率高；反之，周转速度越慢，需要补充流动资产参加周转，造成资金浪费，降低企业盈利能力。为查明流动资产周转率加速或延缓的原因，还可进一步分析流动资产平均余额构成项目变动的影响以及流动资金周转额构成因素的影响。

（十）存货周转率

存货周转率是销售成本与平均存货的比率，反映了企业存货经过销售环节转换为现金或应收账款的速度快慢，即企业存货转为产品销售出去的速度的快慢。

存货周转率说明了一定时期内企业存货周转的次数，可以用来测定企业存货的变现速度，衡量企业的销售能力及存货的适量程度。一般地说，存货周转次数越多，反映存货变现速度越快，说明企业销售能力越强，资产的流动性越强，营运资金占压在存货量越小，企业存货管理的效率越高。反之，营运资金沉淀在存货量大，存货积压或滞销。

但是，存货周转率过高，也可能是企业管理方面存在一些问题造成的。如存货水平过低或库存经常不足带来的，这样可能导致出现缺货损失；或者采购次数过多，批量太小，相应增加了订货成本等。这两种情况下的相关成本都可能会高于加大存货投资进而维持较低存货周转率时的成本。因此，对存货周转率的评价应注意存货的结构，看看是否有积压、滞销的存货。此外，还要注意存货的计价方法对该指标的影响。

参考文献

[1] 陈建强.人力资源管理在企业管理中的角色定位创新 [J].企业改革与管理,2017(22):57.

[2] 汤彦.人力资源管理在现代企业管理中的重要性分析 [J].时代金融,2017(32):289-293.

[3] 谢甜甜.公共管理与企业人力资源管理激励机制的实施路径 [J].企业改革与管理,2017(21):89-106.

[4] 刘曾泽.中小企业管理会计应用分析——天津五菱人力资源公司 [J].现代商贸工业,2017(29):120-121.

[5] 薛晓东.人力资源管理在当今企业管理与发展中的地位和作用 [J].经济研究导刊,2017(29):25-26.

[6] 宋扬扬.谈人力资源管理对现代企业管理的重要意义 [J].才智,2017(29):246.

[7] 梁爽.企业管理中人力资源管理的有效途径 [J].中外企业家,2017(29):173-175.

[8] 胡太平.公共管理与企业管理中人力资源管理激励机制的实施 [J].智库时代,2017(10):211-212.

[9] 吴永鑫.人力资源管理在企业管理中的地位和作用 [J].企业改革与管理,2017(15):88.

[10] 陈晓梅.企业管理中的人力资源激励问题微探 [J].中国集体经济,2017(19):80-81.

[11] 王敬.企业人力资源管理对其经济效益影响分析 [J].现代商业,2017(17):49-50.

[12] 高燕.人力资源成本管理在企业管理中的应用 [J].冶金财会,2017(05):34-36.

[13] 何侠.企业人力资源管理在现代企业管理中的作用 [J].现代国企研究,2017(10):72.

[14] 宋继业.浅析国有企业管理人力资源管理的有效途径 [J].人才资源开

发 ,2017(08):254-255.

[15] 严伟华 . 关于人力资源管理在国有企业管理中存在的问题及绩效考核应用的思考 [J]. 上海商业 ,2017(04):59-60.

[16] 李红 . 人力资源系统化管理在企业管理中的应用探析 [J]. 人力资源管理 ,2017(03):24-25.

[17] 佟娜 . 大数据时代下的企业管理与人力资源管理刍议 [J]. 中国集体经济 ,2017(06):92-93.

[18] 丁怡 . 人力资源管理在建筑企业管理中的应用 [J]. 经贸实践 ,2017(03):170.

[19] 刘菁 . 企业战略和人力资源战略的协调发展分析 [J]. 企业改革与管理 ,2017(02):73.

[20] 谢钟扬 . 大数据时代下的企业管理与人力资源管理 [J]. 现代经济信息 ,2016(22):118.

[21] 刘旭颖 . 人力资源管理与企业战略的契合研究 [J]. 中国管理信息化 ,2016(20):82-83.

[22] 贾雯雯 . 浅论人力资源管理与公司企业文化相结合的重要性 [J]. 中小企业管理与科技 (上旬刊),2016(10):11-12.

[23] 施勇飞 . 人力资源制度对高速公路企业管理的推动作用 [J]. 中国公路 ,2016(19):114-115.

[24] 刘平 . 基于人力资源视野的企业管理教学创新路径分析 [J]. 商场现代化 ,2016(20):142-143.

[25] 李云浩 . 人力资源管理在企业管理中的角色定位创新 [J]. 中国管理信息化 ,2016(14):105.

[26] 刘晓娜 . 论人力资源管理与企业战略的契合策略 [J]. 金融经济 ,2016(12):91-92.

[27] 郭力杨 . 试论人力资源在现代企业管理中的作用 [J]. 人才资源开发 ,2016(12):150-151.

[28] 许强 . 人力资源与经济效益的相关性研究 [J]. 科技经济市场 ,2016(06):15-16.

[29] 崔君 . 人力资源管理在当今企业管理与发展中的地位和作用 [J]. 人力资源管理 ,2016(06):65.

[30] 张雪 . 论企业人力资源管理在现代企业管理中的作用 [J]. 全国商情 ,2016(15):38-39.